JN085372

入門ガイダンス

プロジェクト
マネジメント

古殿幸雄 [著]
Kodono Yukio

中央経済社

目　　次

る必要があった。

　しかし，PMBOKガイドの登場によって，これが容易になった。PMBOKガイドは，さまざまな産業におけるプロジェクト運営の共通点を見出し，優れた実務慣行を集めて体系化したガイドブックである。世界中のプロジェクト実務家が協力して作り上げたプロジェクト運営のための実務書と考えれば良い。

　では，PMBOKガイドを使ってプロジェクトマネジメントを行えば良いことになるが，PMBOKガイド自体は実践的な手段ではなく，具体的な方法を示しているわけではない。PMBOKガイドとは別に，実践的かつ具体的な手法やツールを用意する必要がある。また，PMBOKガイドはA4サイズで769ページあり，携行には不便であるため，携行できるプロジェクトマネジメントの入門書が望まれた。

　本書は，技法やツールについては，できるだけ記載するようにし，必要なときに参考にできるようにしたいという要望から誕生した。そのため，プロジェクトマネジメントについて予備知識を持っておきたいという人や所属する組織でプロジェクトに参加することになったという人，プロジェクトチームとしての経験はあるがまだ浅いため，体系的に把握しておきたいという人を意識している。

　また，各章は完結しているように感じられるかも知れないが，特に4章から15章においては，各章でアウトプットになる成果物が，後の章とは限らずに，前の章などの別の章のインプットとして必要になったり，アウトプットの更新に必要になったりしているため，一度は全体を通して読んでみることをお勧めする。

　以上のように，本書はプロジェクトマネジメントの入門書であるが，押さえておくべき知識は網羅している。本書が一つでも多くのプロジェクトの成功に貢献できれば幸いである。

　最後に，筆者を常日頃から支えてくれている妻の弘美に感謝し，本書の出版にあたって，お世話になった中央経済社の方々，特に納見伸之氏に厚く感謝する。

2020年1月

古殿　幸雄

まえがき

　企業などにおける組織の活動が高度化し，より専門的になるにしたがい，さまざまな現場でプロジェクトチームが編成されるようになり，プロジェクトマネジメントの重要性が高まるようになった。特に，ハードウェアに加えて，ソフトウェアを含む情報システム関連のプロジェクトは，急激に拡大してきている。

　このようなプロジェクトは，小規模なものから大規模なものまであるが，これらのプロジェクトを成功に導くためには，適切なプロジェクトマネジメントが不可欠である。プロジェクトマネジメントに関する考え方や取り組み方はさまざまに存在するが，適切なプロジェクトマネジメントを遂行するために，プロジェクトマネジメント知識体系（PMBOK：Project Management Body of Knowledge）が，事実上の世界標準として広く受け入れられている。

　本書は，プロジェクトマネジメントについて，PMBOKに準じながら執筆している。PMBOKは，アメリカのPMI（Project Management Institute）が策定した知識体系で，1996年に初版が，そして2017年に第6版が発行された。そのため本書は，PMBOKの最新版である第6版に準じている。

　プロジェクトマネジメントは，プロジェクトを成功に導くために行われる管理活動であるが，その内容は広範に渡っており，体系的に論じるには困難な面が多かった。例えば，プロジェクトを進める時間に着目してしまうと，スケジュール管理を行えば良いように感じてしまうし，プロジェクトに費やすコストに着目してしまうとコスト管理を行えば良いように感じてしまう。また，チーム活動として捉えれば，リーダーシップやチームビルディングが中心になる管理活動と感じてしまうだろう。

　もちろんこれら全てが必要になるわけであるが，この他にも一つひとつのプロセスを重視して，プロジェクト成果の品質を向上させることも重要である。そのため，プロジェクトマネジメントで必要な管理活動の範囲を定め，どのような技法やツールがあり，その管理活動の範囲内で何をすればよいかを整理す

第 1 章

プロジェクト

1.1 古代のプロジェクト

　プロジェクト（Project）は，古代の時代から存在している。たとえば，ピラミッド（Pyramid）の建設もプロジェクトと呼ぶに相応しい。ピラミッドは，巨石を四角錐状に積み上げ，内部に通路や部屋を配置した建造物である。現代の私たちにとって，ピラミッドはその圧倒される存在感とともに，誰がどのような目的で，どのようなスタッフのもと，どのくらいの準備期間をかけ計画し，どのくらいの労働力を動員し，どのくらいの予算で，どのくらいの期間をかけて完成したのかは，たいへん興味深いものがある。しかも，約4,600年も前にその事業が行われ，エジプト・アラブ共和国（以下，エジプト）で発見されたピラミッドは，138基[1]も存在しているという。

　この興味の一端に答えるべく，1978年に創刊された『季刊大林』に，「クフ王型大ピラミッド建設計画の試み」が掲載されている[2]。クフ王のピラミッド

図1-1 ギザのピラミッド

は、エジプトのギザの三大ピラミッドの中で、最も大きなピラミッドである（図1-1）。株式会社大林組のピラミッド建設プロジェクト・チーム（Project Team）による試算では、1978年の技術・機械施工を取り入れ、1日8時間、年間250日とし、最盛期で3,500人／日の労働力を用いたとして、工期5年で、建設費総額1,250億円必要であるという数字を導き出している。なお、古代エジプト人が行った工法に基づき、当時20万人が30年かけて建設したとして、試算当時の労賃に換算した場合、人件費だけで約4兆円になるとのことである。

また、中華人民共和国（以下、中国）の万里の長城（The Great Wall）は、世界最大の建築物であり、約2,300年前に建造され始めた（図1-2）。2012年6月に、中国国家文物局は、万里の長城の総延長が、これまで発表されていた8,851.8kmから21,196.18kmに上るとの調査結果を発表した[3]。地球の直径は12,756.27kmであるから、それよりも遥かに長く、地球の円周40,074.98kmの半分以上ということになる[4]。

日本においても、約1,700年前から古墳が造られており、全国に16万基以上が存在するといわれている[5]。その中でも、大仙陵古墳（仁徳天皇陵）は、日本で最大級の古墳である。1985年の『季刊大林』に掲載された大林組プロジェクト・チームによる試算では、当時の工法で、牛馬を使用せず、1日8時間、月25日、最盛期で2,000人／日の労働力を用いて、工期15年8カ月、総動員数

図1-2 万里の長城

延べ6,807,000人，総額796億円（1985年当時の貨幣価値）必要であるという数字を導き出している[6]。

　ここでは，古代の3つのプロジェクトを取り上げたが，莫大な時間と莫大な労働力を動員し，莫大な予算をかけたプロジェクトは，私たちの想像を遥かに超える数で，世界中に存在している。

　近代に入っても，国際プロジェクト，国家プロジェクト，企業プロジェクト，団体プロジェクト，個人プロジェクトと，プロジェクトは規模の大小を問わず存在している。私たちは，最新の技術と最新の技法を用いて，これらのプロジェクトを成功に導かなければならない。

1.2　プロジェクトとプログラム

　プロジェクトやプログラム（Program）が注目され始めたのは，マンハッタン計画（Manhattan Project）やアポロ計画（Apollo Program）の頃である。

　1938年，ドイツ連邦共和国（以下，ドイツ）の科学者によりウラニウムの核分裂が発見される。これを契機として，核分裂に関連する研究が始まるようになった。1939年，第二次世界大戦が勃発すると，ドイツで原爆の研究が行われているという情報がアメリカ合衆国（以下，アメリカ）にもたらされ，アメリカでも原爆研究が行われるようになる。そして，1942年，ルーズベルト大統領（F.D.Roosevelt）は，核兵器開発プロジェクトを承認し，正式に国家軍事プロジェクトとしてマンハッタン計画が開始されることになった。

　1944年から1945年にかけて，テネシー州オークリッジにウラン濃縮工場が，ワシントン州ハンフォードにプルトニウム生産用の原子炉と化学分離工場が建設された。また，ニューメキシコ州のロスアラモス国立研究所（Los Alamos National Laboratory）では，所長のオッペンハイマー（J.R.Oppenheimer）を中心に，原爆の設計開発と製造が進められた[7]。

　1945年7月16日，ニューメキシコ州ソコロの南東48kmのアラモゴードで，人類初の核実験が行われ，トリニティ（Trinity：キリスト教における三位一体説）

実験と名付けられた。

　そして，1945年8月6日に，広島に高濃縮ウランを用いた原爆リトルボーイ（Little Boy）が，3日後の8月9日には，長崎にプルトニウムを用いた原爆ファットマン（Fat Man）が投下され，8月14日，日本はポツダム宣言（Potsdam Declaration）を受諾し，翌15日，昭和天皇の玉音放送が日本の敗戦を伝え，第二次世界大戦は終結した。

　このマンハッタン計画の予算は，18億8,960万ドルで，1996年の貨幣価値で215億7,082万ドル（2兆3,462億円：1ドル=108.77円とした）であった[8]。なお，1940年の日本の国家予算は，64億円，1945年は，235億円である[9]。いかに，莫大な予算が費やされた計画であったかが伺える。このような大規模な計画を効率的に運営するために経営工学（Industrial Engineering）が使用された。

　さて，音楽活動を行うポルノグラフィティのアポロという曲の歌詞には，「♪僕らの生まれてくるずっとずっと前にはもう　アポロ11号は月に行ったていうのに...」[10]という一節がある。

　この歌詞から，アポロは，1号から数えて11番目に月への着陸に成功したことを，アポロ計画（1961年～1972年に実施）を知らない人にも，理解することができるであろう。

　1961年5月，ケネディ（J.F.Kenedy）大統領は，アメリカ合衆国議会合同会議（Joint session of the United States Congress：上下両院合同会議）において，「第一に，私は，この国がこの十年以内に，月にヒトを着陸させ，安全に地球に帰還させるという目標を達成することを，国民に言明すべきであると確信しています（*First, I believe that this nation should commit itself to achieving the goal, before this decade is out, of landing a man on the moon and returning him safely to the earth.*）。」[11]と述べた。1969年7月16日，アポロ11号は，月に向かって発射され，月面着陸に成功し，無事に地球に生還した。ケネディ大統領の言葉通りに，十年以内に達成されたのである。

　このアポロ計画では，アポロ1号には，初めて有人飛行を行うという目標があり（アポロ1号は，失敗している），無人で地球を周回する，無人で大気圏を

アポロプログラム
10年以内に人間を月に着陸させ，安全に地球に帰還させる（1961年ケネディ大統領）

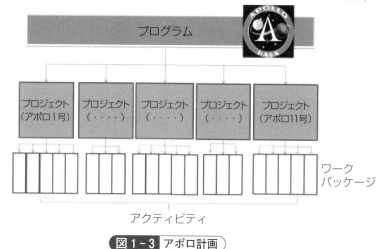

図1-3　アポロ計画

再突入するなど，それぞれが最終的にヒトを月に着陸させ，安全に地球に帰還
させるための大きな目標に向けて計画された。このように，個々の目標を持っ
たプロジェクトと，これら関連したプロジェクトを調和の取れた方法でマネジ
メントするという意味で，その集合体としてのプログラムがある。したがって，
図1-3のように，アポロプロジェクトとアポロプログラムの関係を図示する
ことができる。

　そして，マンハッタン計画やアポロ計画以降，プロジェクトマネジメント
（Project Management）が注目を集めることになった。

1.3　定常業務とプロジェクト

　2000年3月から2005年12月まで，NHK総合テレビのドキュメンタリー番組と
して放映された『プロジェクトX～挑戦者たち～』は，日本のさまざまなプロ
ジェクトを取り上げ，プロジェクト・チームが直面した難問を，どのように克

6

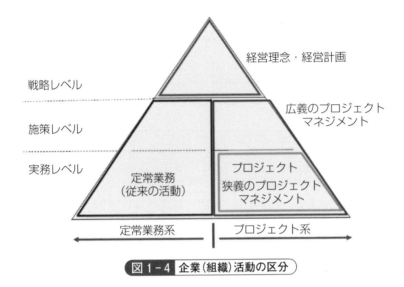

経営理念・経営計画

戦略レベル

広義のプロジェクト
マネジメント

施策レベル

実務レベル

定常業務
（従来の活動）

プロジェクト
狭義のプロジェクト
マネジメント

定常業務系　　プロジェクト系

図1-4　企業（組織）活動の区分

服し，どのように成功に導いたのかを紹介した。多くは名も無き日本のプロジェクト・リーダー（Project Leader）であり，世のサラリーマン達は，自身が携わるプロジェクトと重ねながら，仕事に対する誇りを抱いて同番組を視聴した。このようなプロジェクトは，着実に組織活動の中に浸透し，現在もさまざまなプロジェクト活動が行われている。

　さて，企業（組織）活動は，**図1-4**に示すように，定常業務とプロジェクトに区分することができる。

　定常業務は，常設の組織が設けられ，業務は継続的に行われるが，プロジェクトは，取り組むテーマを決めて，実施期間が定められ，課題が解決したらプロジェクト・チームは解散する。そのため，定常業務とプロジェクトは，**表1-1**に示すように，目的，組織体制，業務の性格，人材，指示命令系統などに違いがある。

　したがって，プロジェクトのみで企業活動を行う，定常業務だけで企業活動を行うというのではなく，通常は，定常業務活動を基本としながら，プロジェクト活動が必要な場面で，プロジェクト・チームが編成されることになる。

表 1-1 定常業務とプロジェクト

	定常業務	プロジェクト
目的	事業の継承（一つの目標が達成されれば次の目標を設定）	新しい目標の達成（達成されれば解散）
組織	定常的な職制 恒常的な体制（期間が定まっていない）	臨時の体制 定まった期間の体制（開始と終了がある）
業務の性格	業務マニュアルがある 反復・繰り返し	業務マニュアルがない 新規・独自性
人材	育成する	必要な人を集める
指示命令系統	階層型が基本	種々の形態がある

1.4　プロジェクトの 3 つの要素

一般に，プロジェクトには次の 3 つの要素がある。

① スコープ（Scope）

スコープは，範囲や範疇などを意味し，プロジェクトの規模を指す。何をどこまで行うのかを決める。

② 時間（Time）（スケジュール（Schedule））

プロジェクトの開始と終了（期間がある）を決める。

③ 資源（Resource）（ヒト・モノ・カネ・情報）

資源は，ヒト，モノ，カネ，情報で考えれば良い。

ヒト：プロジェクト・チームのメンバー

モノ：プロジェクトに必要な装置，機械，資材

カネ：資金

情報：リポジトリ

これらは，図 1-5 のように，三角形を描いて考える。

私たちが生きる社会には，少子高齢問題，人口減少問題，地球環境問題，自然災害，食糧問題など，多くの問題が山積みである。その問題を解決しながら，

8

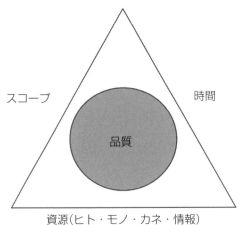

スコープ

時間

品質

資源(ヒト・モノ・カネ・情報)

図1-5 プロジェクトの3つの要素（三角形）

幸福な社会を実現させなければならない。そのためには，新技術・新製品・新サービス・新規市場の開拓・イノベーションの実現が必要になるであろう。したがって，これらをプロジェクトで確実に解決していく能力が求められている。

　実は，プロジェクトは，"Pro＋ject"すなわち，「前方（未来）に向かって投げること」を意味しており，私たちの未来の社会に向けて投げかけられたプロジェクトを成功に導くために，プロジェクトマネジメントがある。

　プロジェクトマネジメントとは，プロジェクトの目的を達成するために，効果的に知識，スキル，ツールや実践技法を適用したプロジェクト推進活動である。そこで，目標となる「スコープ＋時間＋資源→品質」の達成に，スポンサー（Sponsor）やステークホルダー（利害関係者（Stakeholder））など，プロジェクトにより影響を受けるすべての人々の期待と要求を満たし，それ以上の成果をあげることが求められる。プロジェクトマネジメントに関しては，次章以降で述べるが，アメリカでは，1992年にクリントン（W. J. Clinton）政権がプロジェクトマネジメントにより，国家赤字予算の解消に成功している（2000年には2,300億ドルの財政黒字）。プロジェクトマネジメントへの期待は，ますます高まるばかりである。

1.5 プロジェクトマネジメントの資格

　近年，プロジェクト系の業務が増えることで，その活動を推進するプロジェクトマネジメントは，ますます注目されつつある。そのため，プロジェクトマネジメント関連の資格も注目されるようになっている。ここでは，代表的なプロジェクトマネジメント資格を紹介する。

　独立行政法人情報処理推進機構（IPA：Information-technology Promotion Agency, Japan）では，国家資格の情報処理技術者試験を，「情報処理の促進に関する法律」に基づき経済産業省が，情報処理技術者としての「知識・技能」が一定以上の水準であることを認定するために実施している。情報システムを構築・運用する「技術者」から情報システムを利用する「エンドユーザー（利用者（End User））」まで，ITに関係するすべての人を対象としており，特定の製品やソフトウェアに関する試験ではなく，情報技術の背景として知るべき原理や基礎となる知識・技能について，幅広く総合的に評価している。

　その中に，プロジェクト全体の意思決定を実行し，品質・コスト・納期に全責任をもち，前提条件および制約条件の中でプロジェクトを確実に成功に導き，プロジェクトメンバーを成長させるマネジャーを目指すためのプロジェクト・マネジャー試験（PM：Project Manager Examination）がある。

　この試験の対象者像は，「高度IT人材として確立した専門分野をもち，システム開発プロジェクトの責任者として，プロジェクト計画を立案し，必要となる要員や資源を確保し，計画した予算，納期，品質の達成について責任をもってプロジェクトを管理・運営する者」[12]とされている。

　また，その業務と役割は，「情報システムまたは組込みシステムのシステム開発プロジェクトの責任者として，当該プロジェクトを計画，実行，管理する業務に従事し，次の役割を主導的に果たすとともに，下位者を指導する。

　①　必要に応じて個別システム化構想・計画の策定を支援し，策定された個別システム化構想・計画に基づいて，当該プロジェクトの実行計画をプロ

10

ジェクト計画として立案する。

② 必要となる要員や資源を確保し，プロジェクト体制を確立する。

③ 予算，工程，品質などを管理し，プロジェクトを円滑に運営する。進捗状況を把握し，問題や将来見込まれる課題を早期に把握・認識し，適切な対策・対応を実施することによって，プロジェクトの目標を達成する。

④ プロジェクトの上位者および関係者に，適宜，プロジェクトの実行計画，進捗状況，課題と対応策などを報告し，支援・協力を得て，プロジェクトを円滑に運営する。

⑤ プロジェクトの工程の区切りおよび全体の終了時，または必要に応じて適宜，プロジェクトの計画と実績を分析・評価し，プロジェクトのその後の運営に反映するとともに，ほかのプロジェクトの参考に資する。」[12] とされている。

そして，期待する技術水準は，「プロジェクト・マネジャーの業務と役割を円滑に遂行するため，次の知識・実践能力が要求される。

① 組織運営およびシステム全般に関する基本的な事項を理解している。

② 個別システム化構想・計画およびプロジェクトへの期待を正しく認識し，実行可能なプロジェクト計画を立案できる。

③ 前提・制約条件の中で，プロジェクトの目標を確実に達成できる。

④ 要員・資源・予算・工程・品質などを管理し，プロジェクトの全体意識を統一して，プロジェクトを運営できる。

⑤ プロジェクトの進捗状況や将来見込まれるリスクを早期に把握し，適切に対応できる。

⑥ プロジェクトの計画・実績を適切に分析・評価できる。また，その結果をその後のプロジェクトの運営に活用できるとともに，ほかのプロジェクトの参考に資することができる。」[12] である。

IPAのプロジェクト・マネジャー試験以外に，国際的なプロジェクトマネジメント団体であるプロジェクトマネジメント協会（PMI：Project Management Institute）の本部が認定しているプロジェクトマネジメントに関する国際資格

として，プロジェクトマネジメント・プロフェッショナル（PMP：Project Management Professional）[13]がある。

　PMP資格は，プロジェクトマネジメントに関する資格のデファクト・スタンダードとして広く認知されているが，次の2つの要件を満たさなければ受験できない。

　1．プロジェクトマネジメントの指揮・監督する立場での経験
　2．35時間の公式なプロジェクトマネジメントの研修の受講

　まず，プロジェクトマネジメントの指揮・監督する立場での経験とは，高校卒業またはそれに相当する資格を有する場合は，60カ月間のプロジェクトマネジメント経験を含む，プロジェクト業務を指揮・監督する立場での7,500時間の実務経験が必要とされている。大学卒業またはそれに相当する資格を有する場合は，36カ月間のプロジェクトマネジメント経験を含む，プロジェクト業務を指揮・監督する立場での4,500時間の実務経験が必要とれている。

　なお，受験条件となるプロジェクト業務は，試験申し込みから遡ること8年以内の業務に制限されている。

　次に，35時間の公式なプロジェクトマネジメントの研修の受講では，プロジェクトマネジメントに関する研修（REP：Registered Education Provider），大学，PMI支部，企業内教育，Eラーニング，研修機関）を受講したことを証明する書類が必要であり，それに基づいて申請を行う。ただし，履修した内容に品質，スコープ，タイム，コスト，資源，コミュニケーション，リスク，調達，ステークホルダー，統合マネジメントの知識エリアが含まれていることが要求される。

1.6　本書の構成

　企業活動が高度化し，より専門的になるにしたがい，さまざまな現場で，プロジェクト・チームが編成されるようになり，プロジェクトマネジメントの重要性が高まるようになった。特に，ハードウェアに加えて，ソフトウェアを含

む，情報システムのプロジェクトは，急激に拡大してきている。

　プロジェクトは，小規模なものから大規模なものまでがあるが，このような
プロジェクトを成功に導くためには，適切なプロジェクトマネジメントが不可
欠となった。適切なプロジェクトマネジメントを遂行するために，プロジェク
トマネジメント知識体系（PMBOK）が，事実上の世界標準として広く受け入
れられている。

　本書では，プロジェクトを成功に導くために必要なプロジェクトマネジメン
トについて，PMBOKの分類を中心にして記述するとともに，小規模なプロ
ジェクトから大規模なプロジェクトまで対応できるように考慮している。

　本書の構成は，次のとおりである。

　第2章では，プロジェクトマネジメントについて述べる。最初に，プロジェ
クトマネジメント標準について検討し，PMBOKがその1つであることを示す。
次に，プロジェクトの定義とプロジェクトの制約について言及し，プロジェク
トマネジメントの定義とその活動およびプロジェクトマネジメントを支援する
組織としてプロジェクトマネジメント・オフィスを取り上げる。

　第3章では，プロジェクト・ライフサイクルについて述べる。ここでは，プ
ロジェクトの開始から完了に至るまでのプロジェクトが経由する一連のフェー
ズを通して，プロジェクト・ライフサイクルを検討し，開発ライフサイクルの
モデル，プロジェクトの運営環境や組織構造についても触れる。

　第4章では，プロジェクトマネジメント・プロセスについて述べる。
PMBOKでは，10の知識エリア，5つのプロセス群（立上げプロセス群，計画プ
ロセス群，実行プロセス群，監視・コントロール・プロセス群，終結プロセス群），
49のプロセスがあり，これらについて整理しておく。また，立上げプロセス群
やプロジェクト文書についても言及する。

　第5章では，プロジェクト統合マネジメントについて述べる。まず，計画プ
ロセス群として，プロジェクトマネジメント計画書の作成について述べる。次
に，実行プロセス群として，プロジェクト作業の指揮・マネジメントおよびプ
ロジェクト知識のマネジメントについて述べる。そして，監視・コントロー

ル・プロセス群として，プロジェクト作業の監視・コントロールおよび統合変更管理について述べる。

　第6章では，プロジェクト・スコープ・マネジメントについて述べる。まず，スコープとスコープ・マネジメントについて述べる。次に，計画プロセス群として，スコープ・マネジメントの計画からWBSの作成について述べる。そして，監視・コントロール・プロセス群として，スコープの妥協性確認およびスコープのコントロールについて述べる。

　第7章では，プロジェクト・スケジュール・マネジメントについて述べる。計画プロセス群として，スケジュール・マネジメントの計画からスケジュールの作成について述べる。スケジュールの作成では，簡単な例題を取り上げる。そして，監視・コントロール・プロセス群として，スケジュールのコントロールについて述べる。

　第8章では，プロジェクト・コスト・マネジメントについて述べる。計画プロセス群として，コスト・マネジメントの計画，コストの見積りおよび予算の設定について述べる。そして，監視・コントロール・プロセス群として，コストのコントロールについて述べる。ここでは特に，アーンド・バリュー・マネジメントについて詳述する。

　第9章では，プロジェクト品質マネジメントについて述べる。まず，品質マネジメントの重要性について述べる。次に，計画プロセス群として，品質マネジメントの計画について述べる。そして，実行プロセス群として，品質のマネジメントについて，監視・コントロール・プロセス群として，品質のコントロールについて述べ，これらのプロセスにおけるツールと技法には，図や表を用いながら視覚的にも理解ができるように試みる。

　第10章では，プロジェクト資源マネジメントについて述べる。まず，計画プロセス群として，資源マネジメントの計画およびアクティビティ資源の見積りについて述べる。次に，実行プロセス群として，資源の獲得，チームの育成，チームのマネジメントについて述べる。そして，監視・コントロール・プロセス群として，資源のコントロールについて述べる。

　第11章では，プロジェクト・コミュニケーション・マネジメントについて述べる。まず，計画プロセス群として，コミュニケーション・マネジメントの計画について述べる。次に，実行プロセス群として，コミュニケーションのマネジメントについて述べる。そして，監視・コントロール・プロセス群として，コミュニケーションの監視について述べる。

　第12章では，プロジェクト・リスク・マネジメントについて述べる。まず，計画プロセス群として，リスク・マネジメントの計画からリスク対応の計画について述べる。次に，実行プロセス群として，リスク対応策の実行について述べる。そして，監視・コントロール・プロセス群として，リスクの監視について述べる。

　第13章では，プロジェクト調達マネジメントについて述べる。まず，計画プロセス群として，調達マネジメントの計画について述べる。次に，実行プロセス群として，調達の実行について述べる。そして，監視・コントロール・プロセス群として，調達のコントロールについて述べる。

　第14章では，プロジェクト・ステークホルダー・マネジメントについて述べる。まず，計画プロセス群として，ステークホルダー・エンゲージメントの計画について述べる。次に，実行プロセス群として，ステークホルダー・エンゲージメントのマネジメントについて述べる。そして，監視・コントロール・プロセス群として，ステークホルダー・エンゲージメントの監視について述べる。

　第15章では，プロジェクトの終結について述べる。終結プロセス群は，プロジェクト統合マネジメントにおけるプロジェクトやフェーズの終結プロセスのみである。

第 2 章

プロジェクトマネジメント

2.1 プロジェクトマネジメント標準

　プロジェクトマネジメント標準（Project Management Standard）は，世界各国の各種プロジェクトマネジメント団体から多数発行されている。たとえば，代表的なものとして以下がある。

　PRINCE 2（Projects in Controlled Environments, 2nd Version）[14]は，グレートブリテンおよび北アイルランド連合王国（United Kingdom of Great Britain and Northern Ireland；以下，イギリス）でのプロジェクトマネジメントのデファクト・スタンダード（De Facto Standard）であり，イギリス商務省（Office of Government Commerce）が発行（現在は民間との合弁会社AXELOS）し，政府調達に使用されている。**図 2 − 1** にPRINCE 2 の構造を示す。

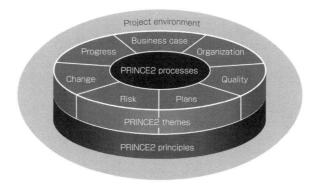

出典：Managing Successful Projects With Prince2 2017, Stationery Office（Great Britain）

図 2 − 1 PRINCE 2 の構造

また，APMBOK（APM Body of Knowledge）ガイド[15]は，イギリスプロジェクトマネジメント協会（APM：Association for Project Management）が発行しており，知識エリア中心の内容となっている。

国際プロジェクトマネジメント協会（IPMA：International Project Management Association）が発行するプロジェクトマネジメント標準として，ICB（Individual Competence Baseline)[16]，OCB（Organisational Competence Baseline)[17]，PEB(Project Excellence Baseline)[18]がある。ICBは，第3版までIMPA Competence Baselineの略語で単独の基準であったが，第4版（ICB4）からICBが個人，OCBが組織，PEBがプロジェクトのベースラインを規定するものとなった。特徴としては，プロジェクト，プログラム，ポートフォリオ管理の分野におけるコンピテンス（Competence）の視点から体系化されている点である。また，ICB4に基づいて，プロジェクト，プログラム，ポートフォリオの分野におけるコーチ，トレーナー，コンサルタントのためのベースラインであるICB-4 CCT（ICB for Coaches, Consultants and Trainers）がある。

そして，PMBOKガイド（A Guide to the Project Management Body of Knowledge)[19]は，プロジェクトマネジメント協会（PMI：Project Management Institute）が発行している国際的に標準とされているプロジェクトマネジメントの知識体系である。

ISO 21500は，経済のグローバル化に伴う国際プロジェクトの増加により，諸標準が存在することによる混乱を回避するため，プロジェクトマネジメントの国際規格として策定された。策定にあたり，各国からPMBOKガイドを含むプロジェクトマネジメント標準の有識者が参加している。

ISO 21500は国際標準であるが，まだISO 9001（品質マネジメントシステム規格）やISO 14000（環境マネジメントシステム規格）のような認証制度はとっておらず，プロジェクトマネジマントの概念およびプロセスに関する包括的な手引きを提供するもの（ISO 21500 1 適用範囲）として位置づけられている。

今後は，ISO 21500へシフトしていくと考えられるが，今のところ，PMBOKガイドは，2019年1月時点で世界10か国語に翻訳・出版され，世界中のプロ

ジェクトマネジメントの実務家が参考にしているため，本書でもPMBOKを中心に構成している。

2.2　PMBOKガイド

　PMBOKガイドは，さまざまな産業におけるプロジェクト運営の共通点を見出し，優れた実務慣行を集めて体系化したガイドブックである。アメリカのPMIが中心となって世界中のプロジェクト実務家が協力して作り上げたプロジェクト運営のための実務書である。

　1996年に第1版が刊行されて以来，4年ごとに改訂され，2019年現在は第6版となっている。これまで，プロジェクトマネジメントは，スケジュール・マネジメント（Schedule Management）を重点的に考えたり，コスト・マネジメント（Cost Management）を重点的に考えたりと明確な答えがなかった。PMBOKガイドは，プロジェクトマネジメントを10の知識エリアと5つのプロセス群に整理・体系化し（表2-1参照），プロセスをマネジメントするという考え方の重要性を強調している。

　従来のプロジェクトマネジメントは，QCD管理が中心であった。QCDは，需要の3要素でもあるが，Quality（品質），Cost（原価），Delivery（納期）という3つの目標を定め，その目標に向かってプロジェクトをコントロールすると考えてきた。そのため，QCDはプロジェクトマネジメントの3要素でもある。

　しかし，目標を達成するためには，そこに至るプロセスも対象としてコントロールする必要がある。そこで，PMBOKガイドでは，「10の知識エリア」を管理対象として，プロセスをコントロールし，プロジェクトを成功に導けるようにした。

　表2-1の縦の項目は，プロジェクトマネジメントに関する10の知識エリアである。プロジェクトの最終目標であるQ(品質：品質マネジメント（Quality Management)），C（原価：コスト・マネジメント），D（納期：スケジュール・マネジメント）に加え，そこに至るまでのプロセスとして「スコープ・マネジメント

18

表2-1　10の知識エリアと5つのプロセス群と49のプロセス

知識エリア	プロジェクトマネジメント・プロセス群				
	立上げ プロセス群	計画 プロセス群	実行 プロセス群	監視・ コントロール・ プロセス群	終結 プロセス群
プロジェクト 統合マネジメント	プロジェクト 憲章の作成	プロジェクトマネジメント計画書の作成	プロジェクト作業の指揮・マネジメント プロジェクト知識のマネジメント	プロジェクト作業の監視・コントロール 統合変更管理	プロジェクトやフェーズの終結
プロジェクト・ スコープ・ マネジメント		スコープ・マネジメントの計画 要求事項の収集 スコープの定義 WBSの作成		スコープの妥当性確認 スコープのコントロール	
プロジェクト・ スケジュール・ マネジメント		スケジュール・マネジメントの計画 アクティビティの定義 アクティビティの順序設定 アクティビティ所要期間の見積り スケジュールの作成		スケジュールのコントロール	
プロジェクト・ コスト・ マネジメント		コスト・マネジメントの計画 コストの見積り 予算の設定		コストのコントロール	
プロジェクト 品質マネジメント		品質マネジメントの計画	品質のマネジメント	品質のコントロール	
プロジェクト 資源マネジメント		資源マネジメントの計画 アクティビティ資源の見積り	資源の獲得 チームの育成 チームのマネジメント	資源のコントロール	
プロジェクト・ コミュニケーション・ マネジメント		コミュニケーション・マネジメントの計画	コミュニケーションのマネジメント	コミュニケーションの監視	
プロジェクト・ リスク・ マネジメント		リスク・マネジメントの計画 リスクの特定 リスクの定性的分析 リスクの定量的分析 リスク対応の計画	リスク対応策の実行	リスクの監視	
プロジェクト 調達マネジメント		調達マネジメントの計画	調達の実行	調達のコントロール	
プロジェクト・ ステークホルダー・ マネジメント	ステークホルダーの特定	ステークホルダー・エンゲージメントの計画	ステークホルダー・エンゲージメントのマネジメント	ステークホルダー・エンゲージメントの監視	

出典：PMBOKガイド第6版

（Scope Management）」「資源マネジメント（Resource Management）」「コミュニケーション・マネジメント（Communication Management）」「リスク・マネジメント（Risk Management）」「調達マネジメント（Procurement Management）」

「ステークホルダー・マネジメント（Stakeholder Management）」という6項目を追加し，さらに全体をトータルに管理する「統合マネジメント（Integration Management）」を含めることで，10の知識エリアを構成している。

表2-1の横の項目は，プロジェクトの最初から最後までの流れを「立ち上げ（Initiating）」「計画（Planning）」「実行（Executing）」「監視／管理（Monitoring & Controlling）」「終結（Closing）」という5つのプロセス群（Process Group）に分割している。知識エリアとのマトリックスにより，どのプロセスで何を作成・管理すべきかを定義している。

これら，10の知識エリアと5つのプロセス群の交わる引出しには奥行きがあり，「入力」「ツールと実践技法」「出力」という3つのパートに分かれている。つまり，「何をもとにして，どのようなツールを用いて，何を作成するか」という内容を定義している。これらのプロセスが，49となっている。

PMBOKガイド自体は，実践的な手段ではなく，具体的な方法を示しているわけではない。PMBOKガイドとは別に，実践的かつ具体的な手法やツールを用意する必要がある。

PMBOKガイドに整理されたノウハウ・知識は，プロジェクトマネジメントの成功例から生まれたノウハウ・知識である。そこで，本書では，PMBOKガイドの体系を意識しながら，手法やツールについても解説することにした。なお，PMBOKガイドで定義されている用語については，日本語表現は，PMBOKガイド日本語版での表現を用い，定義の内容の引用は「　」[PMBOK]と記載することにする。

2.3　プロジェクトの定義とプロジェクトの制約

PMBOKガイドにおいて，プロジェクトは，「独自のプロダクト，サービス，所産を創造するために実施する，有期性のある業務である。」[PMBOK]と定義されている。

ここで，独自とは，ユニークであることを，有期性とは，明確な始まりと終

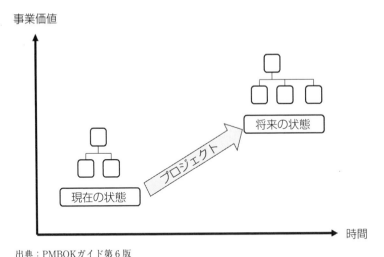

事業価値

将来の状態

プロジェクト

現在の状態

時間

出典：PMBOKガイド第6版

図2-2　プロジェクトによる組織の状態の移行

わりがあることを意味する。ただし，終わりには，プロジェクトの目標が達成
されたときと，何らかの原因でプロジェクトが中止されたときも含まれる。ま
た，プロダクト（Product）は，最終成果物あるいは，その構成要素であり，
サービス（Service）は，仕事を実施する能力や機能のこと，所産（Result）は，
プロジェクトでアウトプットされた成果のことである。

　プロジェクトは，組織の変化を駆動し，プロジェクトが成功すると，組織は
将来の状態に移行することになる（図2-2）。

　組織のリーダーは，組織を将来の状態に移行するために，プロジェクトを立
ち上げる必要がある。プロジェクトを立ち上げる背景には，図2-3に示すよ
うな4つの要因が存在する。

　さて，『ザ・ゴール』[20]の著者，ゴールドラット（E.M.Goldratt）の日本版書
籍第4弾に，『クリティカルチェーン』[21]がある。その内容は，大学のエグゼ
クティブMBAクラスを舞台に，主人公の教授と，各業界から現行のプロジェ
クトの納期短縮といった使命を帯びて集まったプロジェクト・リーダーらが，
議論を行いながら現実的な解決策を求めていくというものである。

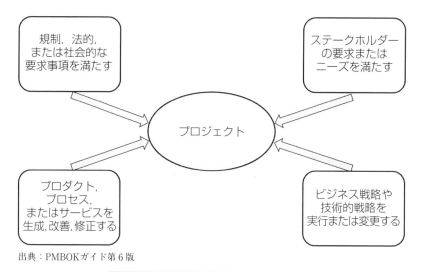

出典：PMBOKガイド第6版

図2-3 プロジェクトを立ち上げる背景

　この中で，プロジェクトの問題点が指摘されている。それは，次の5つである。

　① **見積り**（Estimating）

　―実績は必ず計画をオーバーする―

　プロジェクト担当者の工数見積りには，安全余裕（セーフティー）が隠されている。それは，プロジェクトの不確実性が安全余裕を要求しているとも言える。安全余裕があることを知っている担当者は，安全余裕分だけ時間を消費しても大丈夫であると考えて実施するため，時間は無駄に消費されてしまい，現実にはこの安全余裕があっても，工数（期間＋コスト）を超過してしまうことから，プロジェクトは計画どおりに進まないという指摘である。

　② **学生症候群**（Student Syndrome）

　―試験勉強やレポート作成のために充分な期間があっても，それを有意義に使って試験勉強やレポートを作成する学生よりも，試験や締め切り間近になって，あたふたと試験勉強やレポート作成を始める学生の方が多い…―

　学生は，定期試験は来月の下旬に行われるとか，プロジェクト管理論のレ

ポートは，来月末までであるとか，そのことを知ってから，その準備に充分な時間があったとしても，その直前までアルバイトや他の活動を行うことで，すぐに取りかかっていれば充分成果を上げることができるにもかかわらず，それをおろそかにしてしまうことがありがちである。社会人になっても，学生時代はなんとかなったのだからと，計画の遅い開始は，貴重な時間を浪費することにつながる。そして，問題は計画の80%が進行した時点で発生しがちであり，問題解決のための時間的余裕は，貴重な時間を浪費したために残されていないという指摘である。

③ パーキンソンの法則（Parkinson's Law）

―仕事は予定工数をすべて使い切るように拡大する―

パーキンソンの法則は，1958年にパーキンソン（C.N.Parkinson）が，その著書の中で提唱した法則のことで，「仕事の量は，完成のために与えられた時間をすべて満たすまで膨張する」「支出の額は，収入の額に達するまで膨張する」の2つがあり，プロジェクトでの作業が，早く終わりそうになると，手直しを行ったり，時間を費やしたりして，納期まで仕事を抱えることを意味する。なぜならば，従来のプロジェクト管理では「遅延しない」ようにとプレッシャーをかけるが，予定よりも早く終わることは促進されていないため，予定工数をすべて使い切るように拡大してしまうという指摘である。

④ マルチタスク（Multi-tasking）

―現実はマルチプロジェクト（複数のプロジェクトを同時に抱える）。あるいは，分業体制でのマルチタスク（1つのプロジェクト内でも複数のタスクを同時に抱える）―

この原因は，恒常的にプレッシャーが担当者にかかっているために生じる。そしてその真の原因は「優先順位の意思決定」が不在である点にある。したがってオーバーヘッド時間の増大が必然的に発生する。その結果担当者はマルチタスクとなり，すべてのプロジェクトの終了が遅くなる。プロジェクトの優先順位を決め，シングルタスクで行えば，プロジェクトのパフォーマンスは格段に向上するであろう。しかし，マルチタスク状態でプロジェクトを行えば，

結局ほとんどが遅延する結果になってしまうという指摘である。しかも担当者のマルチタスクの状態は，他人には見えないのが難点でもある。

⑤　**遅れのみが伝播する**（No Early Finishes）

―従来のプロジェクトマネジメントは予定よりも早く終了することは期待されていない―

これは，予定より早く仕事を完了しても，上司からは評価されないことに起因する。予定よりも早く終ると，逆に計画能力が無いと叱責されることになる。そして，次回のプロジェクトの際には，見積工数が削減されてしまう。そのため，早く終わっても，納期まで仕事を抱え，空いた時間を無駄に消費することになる。その結果，遅れのみが後へ，後へと伝えられるという指摘である。

以上のように，プロジェクトマネジメントを進めて行くには，これら①〜⑤の制約に着目して，それが現実にならないように注意して，進めていかなければならない。

2.4　プロジェクトマネジメント

プロジェクトマネジメントの定義は，「プロジェクトの要求事項を満たすために，知識，スキル，ツールと技法をプロジェクトのアクティビティへ適用すること」[PMBOK]である。そして，PMBOKガイドでは，プロジェクトマネジメントを，5つのプロセス群と10の知識エリアで定義され，それらを49のプロセスに分類している（前節，**表2−1**参照）。したがって，49のプロセスについて本書では取り上げており，各プロセスで必要な知識やツールと技法を中心に説明している。

このプロジェクトマネジメントの主な活動として，以下の3つが含まれる。

①　要求事項を特定する。

　プロジェクトの計画および実行に際しては，各ステークホルダーのニーズや関心事，期待に取り組む。

②　次の制約条件のバランスをとる。

　　スコープ，タイム（スケジュール），資源（ヒト・モノ・カネ・情報），品質，リスク，これら制約条件は通常競合するものであるので，プロジェクト・マネジャーは，これらの条件を最適なバランスとなるように工夫することが求められる。

③　どのようなプロジェクトであっても，変更はつきものである。

　　計画はプロジェクト・ライフサイクル（Project Life Cycle）を通して反復的であり，かつ段階的に詳細化される。この段階的詳細化のことをローリング・ウェーブ計画法（Rolling Wave Planning）と呼ぶ。つまり，ローリング・ウェーブ計画法は，直近の作業については詳細に，先の作業については全体の大まかな計画だけを作っておいて，作業を進めながら徐々に詳細化していくことでプロジェクトを進めていくという方法である。

　さて，プロジェクトマネジメントに成熟した組織では，プロジェクトマネジメント，プログラムマネジメント（Program Management），ポートフォリオマネジメント（Portfolio Management）が広範な基盤の上で成り立っている。

　ポートフォリオマネジメントにおけるポートフォリオとは，「戦略的な目標を達成するためにグループとしてマネジメントされるプロジェクト，プログラム，サブポートフォリオ，および業務」［PMBOK］と定義されている。また，ポートフォリオマネジメントとは，「戦略的な目標を達成するためにいくつかのポートフォリオをまとめてマネジメントすること」［PMBOK］と定義されている。すなわち，ポートフォリオマネジメントは，特定の目標を達成するために，プロジェクトやプログラムを特定し，優先順位を付けて実施の認可やマネジメント，コントロールを行うことである。

　一方，プログラムとは，「調和の取れた方法でマネジメントする，関連プロジェクト，サブプログラム，およびプログラム活動。プロジェクトの個別のマネジメントでは得ることのできないベネフィットが得られる。」［PMBOK］と定義されている。そして，プログラムマネジメントとは，「知識，スキル，および原則をプログラムに適用してプログラム目標を達成し，プログラムの構成要素を個別にマネジメントすることでは得られないベネフィットを得る。」

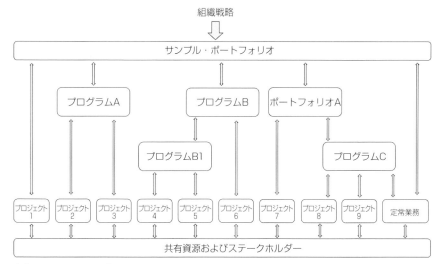

出典：PMBOKガイド第6版

図2-4 ポートフォリオ，プログラム，プロジェクトおよび定常業務

［PMBOK］と定義されている。

　したがって，プログラムは，複数のプロジェクトを統合することで，より高い成果が期待できるプロジェクトをプログラムとしてマネジメントすると考えればよい。そのため，各プロジェクトの関係が，単に顧客や納入業者，技術，資源などを共有しているだけの場合は，プログラムとしてではなく，プロジェクトのポートフォリオとしてマネジメントすべきである。

　ポートフォリオ構造の一例を示せば，**図2-4**のようになる。

　そして，プログラムのように複数のプロジェクトをマネジメントするためには，以下の点に注意する必要がある。

　複数のプロジェクトに影響する資源の制約条件やコンフリクト（Conflict）を解決すること。

　目的と目標に影響する組織的および戦略的な方向性を一致させること。

　共通したガバナンス（Governance）に従って課題解決，変更管理（Change Control）を行うこと。

　これらのことを理解した上で，プロジェクトをマネジメントしていく必要がある。

2.5 プロジェクトマネジメント・オフィス

　プロジェクトは，有期性のある業務で，プロジェクト・チームによって進められる。組織内に複数の部署やチームが複雑に関わるようなプロジェクトが存在する場合に，全体を俯瞰するプロジェクトマネジメントの実現と，個々のプロジェクトを円滑に推進するために，そのプロジェクトマネジメントを支援するための組織が必要になってくる。その役割を担うのが，プロジェクトマネジメント・オフィス（PMO：Project Management Office）である。

　PMOとは，「プロジェクトに関連するガバナンス・プロセスを標準化し，資源，方法論，ツールおよび技法の共有を促進する組織構造である。」［PMBOK］と定義されている。また，PMOの責任は，「プロジェクトマネジメントの支援機能を提供することから，1つ以上のプロジェクトを直接マネジメントすることまで広範囲にわたる。」［PMBOK］と定義されている。

　そのためPMOでは，プロジェクトマネジメント方式の標準化を行ったり，プロジェクトマネジメントに関する研修や人材開発，プロジェクトマネジメント業務の支援，プロジェクト間のリソースやコストの各種調整などを行ったりしている。

　プロジェクトは有期性があるため，PMOは，恒常的な部署として設置されることで，プロジェクトの成功に貢献している。

第3章

プロジェクト・ライフサイクル

3.1 プロジェクト・ライフサイクル

プロジェクト・ライフサイクル（Project Life Cycle）は「プロジェクトの開始から完了に至るまで，プロジェクトが経由する一連のフェーズ。」[PMBOK]と定義されている。ここでは，プロジェクト・ライフサイクルを理解することで，プロジェクトの開始から完了に至るまでの大まかな流れを把握し，その流れの中で区分けされるフェーズという塊やプロジェクト・ライフサイクルにおける検討事項およびその特徴について述べる。

プロジェクトには，さまざまな規模や複雑さがあるが，すべてのプロジェクトのライフサイクルは，以下のプロジェクト・フェーズの構成になる。

- プロジェクトの開始
- 組織編成と準備
- 作業の遂行
- プロジェクトの完了

プロジェクトの開始フェーズでは，プロジェクトの立上げやプロジェクト・マネジャーの任命，プロジェクト憲章（Project Charter）の作成，フィージビリティ・スタディなどを行い，スケジュールや予算，メンバーの人選などをについて検討し，プロジェクト憲章の配布を行う。

組織編成と準備フェーズでは，プロジェクトを組織し，プロジェクトメンバーを集め，プロジェクト計画の策定を行い，プロジェクト計画を承認機関に提出する。

28

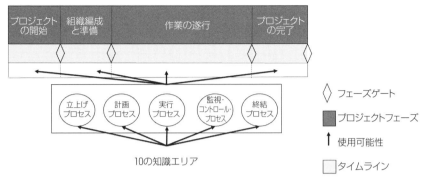

出典：PMBOKガイド第6版

（図3-1 プロジェクト・ライフサイクル）

　作業と遂行フェーズでは，プロジェクト計画を実行し，プロジェクト計画を
マネジメントする。そして，プロジェクト成果物を引き渡す。

　プロジェクト完了フェーズでは，プロジェクトの教訓を文章化し，振り返り
を行い，パフォーマンスに関するフィードバックの提供，契約や事務手続きを
終了する。最後に，プロジェクト完了報告書を承認機関に提出する。

　これらのプロジェクト・フェーズを，前章で述べた（表2-1）10の知識エリ
アと5つのプロセス群との関連で図示したものが，図3-1である。

　図3-1におけるフェーズ・ゲートは，プロジェクト憲章，プロジェクト計
画書，プロジェクト成果物，プロジェクト完了報告書などの要素成果物を
フェーズの終了時に移管または引き渡すことで，「フェーズの終了時点で実施
するレビュー。次のフェーズへの継続，修正を伴う継続，あるいはプロジェク
トやプログラムの中止を判断する。」[PMBOK]ためにある。なお，要素成果
物とは，最終的な成果物の1つの要素のことで，プロジェクトの活動の結果，
作成されたものをいう。そして，それぞれのフェーズの要素成果物には独自性
がある。

　このプロジェクト・ライフサイクルにおける検討事項としては，

　①　技術的作業の具体化：各フェーズでどのような技術的作業を実施するか

② 要素成果物と検証・承認方法の定義：各フェーズでいつ要素成果物を生成し，どのように検証・承認するか

③ 参加する人員の配置：各フェーズで誰が参加するか

④ コントロールと承認の方法：各フェーズをどうコントロールし，承認するか

などがある。

また，プロジェクト・ライフサイクルの特徴は，

① コストや要員数はプロジェクト開始時には少ないが，作業が始まると徐々に増えて，ある時点でピークに達し，終了に近づいていくにつれて急激に減少する。

② ステークホルダーの影響力やリスク，不確実性などは，開始時が最大で徐々に低下していく。

③ 変更やエラーの訂正などによるプロジェクトへの影響は，終了に近づくにつれて大きくなっていく。

などである。

次に，プロジェクト・ライフサイクルと，プロダクト・ライフサイクルの関係について整理しておく。

プロダクト・ライフサイクルとは「概念から納品，成長，成熟，そして撤退に至るプロダクトの進展を表現する一連のフェーズ。」［PMBOK］である。これは，製品ライフサイクルともいう。

新製品を開発する場合は，1つのプロジェクトとして検討することができ，製品を開発するための市場調査や製品完成後の市場調査なども1つのプロジェクトとして検討することができる。また，新機能の追加や改善についても1つのプロジェクトになり得る。このように，プロジェクト・ライフサイクルはプロダクト・ライフサイクルに含まれるが，プロジェクトによって作られるプロダクト・ライフサイクルとは独立している。

図3-1にある5つのプロセス群（立上げ，計画，実行，監視・コントロール，終結）は個々のフェーズに含まれる。

　立上げ，計画，実行，終結は個々のフェーズ内に存在し，監視・コントロールは，プロジェクト・ライフサイクル全体で一貫して実施される。フェーズで最も重要な要素成果物を生成し，目標を達成するには特に厳しいコントロールを行う必要がある。

　なおフェーズは，順次実施されることもあれば，反復することもあり，重複することもある。

3.2　開発ライフサイクル

　プロジェクト・ライフサイクルは，予測型または適応型となることがある。1つのプロジェクト・ライフサイクル内に，プロダクトの開発，サービスまたは所産に関連付けられる1つ以上のフェーズがある。これらは開発ライフサイクルと呼ばれる。開発ライフサイクルは，次の5つのモデルとなることがある。

　①　**予測型ライフサイクル**（Predictive Life Cycle）

　予測型ライフサイクルは，計画駆動型（Plan-Driven）またはウォーターフォール型（Waterfall）ライフサイクルとも呼ばれ，早い段階でプロジェクトのスコープ，スケジュール，コストを確定させる。そして，ウォーターフォール，すなわち滝のように上から下に順を追って実施する。例えば，要件定義書ができたら，それを元に外部設計を行い，外部設計書ができたら，それを元に内部設計を行うなどというように，プロジェクトが進行する。

　②　**反復型**（Iterative）**ライフサイクル**

　反復型ライフサイクルでは，プロジェクトのスコープは早い段階で決定されるが，スケジュールとコストに関しては，プロジェクト・チームのプロダクトへの理解が増すとともに日常的に変更される。したがって，一連のサイクルを繰り返し行うことで，プロダクトが作成される。

　③　**漸新型**（Incremental）**ライフサイクル**

　反復型ライフサイクルとの違いは，漸進型ライフサイクルでは，既定の時間枠内で，連続して機能を追加する一連の反復を通して成果物が作られる点であ

る。成果物は，最終の反復の後にのみ完了とみなすのに必要かつ十分な能力を
もつ。

④　**適応型**（Adaptive）**ライフサイクル**

　適応型ライフサイクルは，アジャイル型（Agile），または変化駆動型（Change-
Driven）ライフサイクルとも呼ばれ，概念レベルの変更およびステークホル
ダーの継続的な関与に対応している。反復型や漸進型と同様に繰り返し活動を
行うが，これらと異なるのは反復の期間が非常に短く（2〜4週間），時間とコ
ストが固定されている点である。一般に，変化の激しい環境へ対応する場合や
要求事項とスコープを事前に定義することが難しい場合に選択される。

⑤　**ハイブリッド型**（Hybrid）**ライフサイクル**

　ハイブリッド型ライフサイクルは，予測型ライフサイクルと適応型ライフサ
イクルの組み合わせである。十分に内容が把握されているプロジェクト要素，
または要求が確定しているプロジェクト要素は，予測型開発のライフサイクル
に従い，進化し続けているプロジェクト要素は，適応型開発のライフサイクル
に従う。

　プロジェクト・チームは，各プロジェクトに最適なライフサイクルを決定す
る。

3.3　プロジェクトの運営環境

　プロジェクトは，影響を及ぼし得る環境で存在し，運用される。これらの影
響は，プロジェクトに良い効果または悪い効果を与える可能性がある。

　この主要な影響の分類は次の2つである。

①　**組織体の環境要因**（EEF：Enterprise Environment Factors）

　EEFとは，プロジェクト・チームのコントロールは及ばないが，プロジェ
クトに対して影響，制約，もしくは指示を与える状況のことである。

②　**組織のプロセス資産**（OPA：Organization Process Assets）

　OPAには，母体組織によって使われる特有の計画，プロセス，方針，手続

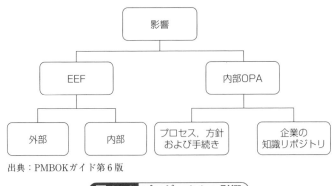

出典：PMBOKガイド第6版

図3-2 プロジェクトへ影響

き，および知識ベースなどがある。これらの資産はプロジェクトのマネジメントに影響を及ぼす。

図3-2のように，EEFには，組織内のEEFと組織外のEEFがある。

組織内のEEFには，組織の文化・構造およびガバナンス，施設や資源の地理的分布，インフラストラクチャ，情報技術ソフトウェア，資源の可用性，従業員の能力などがある。

組織外のEEFには，市場の状況，社会的・文化的な影響と課題，法的制約，商用のデータベース，学術研究，国家標準または業界標準，財務上の考慮事項，物理的な環境要素などがある。

また，**図3-2**のように，OPAには，プロセス，方針および手続きと，組織の知識リポジトリがある。

プロセス，方針および手続きには，立ち上げプロセス群と計画プロセス群においては，ガイドラインと基準，組織固有の方針，テンプレートなどがある。実行プロセス群と監視・コントロール・プロセス群では，変更管理手順，財務管理手順，課題と欠陥のマネジメント手順，組織のコミュニケーション要求事項，作業認可手順，テンプレート，標準化されたガイドラインなどがある。そして，終結プロセス群では，プロジェクト完了ガイドラインまたは要求事項などがある。

　リポジトリは，貯蔵庫や収納庫の意味であり，知識リポジトリは，知識の貯蔵庫と考えれば良い。組織の知識リポジトリには，コンフィギュレーション・マネジメントの知識リポジトリ，財務データ・リポジトリ，過去の情報と教訓の知識リポジトリ，課題と欠陥のマネジメント・データ・リポジトリ，プロセスやプロダクトの測定データ・リポジトリ，過去のプロジェクトのプロジェクト・ファイルなどがある。

　ところで，プロジェクトは，組織の構造とガバナンスの枠組みを介して組織から課された制約条件内で運営される。効果的かつ効率的に運営するためには，プロジェクト・マネジャーは責任，説明責任，および権限が組織内のどこにあるかを理解する必要がある。そこで，組織構造とガバナンスについて次節で整理しておこう。

3.4　組織構造とガバナンス

　組織構造は，EEFの 1 つであり，資源の可用性やプロジェクトの実施方法に影響を及ぼす。

　また，ガバナンスは，統治，またはそのための体制や方法のことを意味するが，PMIの調査では，「ガバナンスとは，組織のメンバーの行動を決定し影響を及ぼすよう意図された組織のあらゆるレベルでの組織または構造上の取り決めを指す」[22] ことが明らかにされている。そして，ガバナンスでは，ルール，方針，手続き，規範，関係，システム，プロセスなどが含まれる，組織内で権威が行使される枠組みである。この枠組みは，組織の目標を設定し達成する，リスクを監視し評価する，パフォーマンスを最適化するなどの実施方法に影響を及ぼす。

　ガバナンスは，組織に所属する全員が参加すべきものであるため，所属する組織の構造を把握しておく必要がある。

　組織構造のタイプ別に，プロジェクトに及ぼす影響を整理したものが表3-1である。

表3-1 組織構造がプロジェクトに及ぼす影響

組織構造のタイプ	プロジェクトの特質					
	ワークグループの手配担当者	プロジェクト・マネジャーの権限	プロジェクト・マネジャーの役割	資源の可用性	プロジェクトの予算は誰が管理するのか？	プロジェクトマネジメント管理スタッフ
オーガニックまたはシンプル	柔軟；協調的	限られている，またはない	パートタイム：コーディネーターなど指定職務に限定されない	限られている，またはない	オーナーまたはオペレーター	限られている，またはない
機能部門（一元化）	職種	限られている，またはない	パートタイム：コーディネーターなど指定職務に限定されない	限られている，またはない	機能部門マネジャー	パートタイム
多部門	複数のうちの一つ：プロダクト；生産プロセス；ポートフォーリオ；プログラム；地域；顧客タイプ	限られている，またはない	パートタイム：コーディネーターなど指定職務に限定されない	限られている，またはない	機能部門マネジャー	パートタイム
マトリックス－強	機能別（プロジェクト・マネジャーは機能とする）	中～高	フルタイムの指定職務	中～高	プロジェクト・マネジャー	フルタイム
マトリックス－弱	機能	低	パートタイム（コーディネーターのような指定職務ではなく，ある職務の一部として機能する）	低	機能部門マネジャー	パートタイム
マトリックス－バランス良好	機能	低～中	パートタイム（コーディネーターのような指定職務とは限らず，スキルとして機能の一部として組み込まれる）	低～中	混在	パートタイム
プロジェクト指向	プロジェクト	高～ほぼ完全	フルタイムの指定職務	高～ほぼ完全	プロジェクト・マネジャー	フルタイム
仮想	各拠点に連絡窓口を持つネットワーク構造	低～中	フルタイムまたはパートタイム	低～中	混在	フルタイムまたはパートタイムでありうる
ハイブリッド	混在またはその他のタイプ	混在	混在	混在	混在	混在
PMO	混在またはその他のタイプ	高～ほぼ完全	フルタイムの指定職務	高～ほぼ完全	プロジェクト・マネジャー	フルタイム

出典：PMBOKガイド第6版

　プロジェクトの組織構造は，一般には，大きく3つに分類され，その中のマトリックス型は3つに分けられるため，全部で5つに分類される。この一般的な組織構造とプロジェクト・マネジャーの権限，資源の可用性，プロジェクト・マネジャーの役割，プロジェクトマネジメント管理スタッフ，プロジェク

表3-2 ガバナンス・マネジメントと組織構造のタイプ

	機能型	マトリックス			プロジェクト型
		弱い	バランス	強い	
プロジェクト・マネジャーの権限	限られている，またはない	低	低～中	中～高	高～ほぼ完全
資源の可能性	限られている，またはない	低	低～中	中～高	高～ほぼ完全
プロジェクト・マネジャーの役割	パートタイム	パートタイム	パートタイム	フルタイム	フルタイム
プロジェクト・マネジメント管理スタッフ	パートタイム	パートタイム	パートタイム	フルタイム	フルタイム
プロジェクトの予算管理	機能部門マネジャー	機能部門マネジャー	混在	プロジェクト・マネジャー	プロジェクト・マネジャー

トの予算管理に絞って，比較したものが**表3-2**である。

では，**表3-2**における組織構造について，簡単に説明しておく。

① 機能型

所属する組織のなかだけでプロジェクトを構成する。階層構造で各従業員に対して，1人の明確な上司がいる。機能型（**図3-3**）はプロジェクト・マネジャーの権限は最も低くなり，メンバーの所属はプロジェクトが終了しても変わらない。

② マトリックス型

マトリックス型は，機能型とプロジェクト型の特徴を併せ持った組織である。弱いマトリックス型（**図3-4**）は機能型組織の特徴を強く持っていて，プロジェクト・マネジャーの権限は弱く，むしろ調整者や促進者の役割の方が強くなる。逆に強いマトリックス型（**図3-6**）は，プロジェクト型の特徴を強く持ち，強い権限を持つプロジェクト・マネジャーと専任の事務スタッフを持っている。

バランスマトリックス型（**図3-5**）は，弱いマトリックス型と強いマト

36

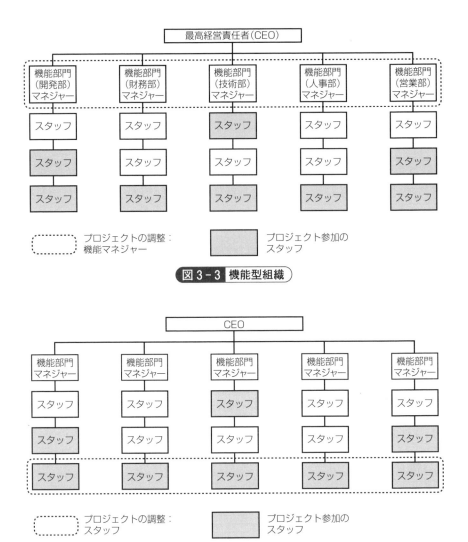

プロジェクトの調整：
機能マネジャー

プロジェクト参加の
スタッフ

図3-3 機能型組織

プロジェクトの調整：
スタッフ

プロジェクト参加の
スタッフ

図3-4 弱いマトリックス型組織

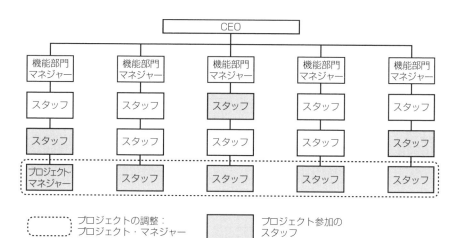

図 3-5 バランスマトリックス型組織

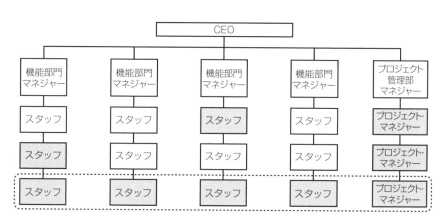

図 3-6 強いマトリックス型組織

38

リックス型の中間で，機能部門マネジャーとプロジェクト・マネジャーの権限は対等である。

マトリックス型に共通している点として，プロジェクト・マネジャーをはじめ，メンバーはさまざまな部門から集められて構成されている。また，メンバーはプロジェクト・マネジャーと従来の所属長の2人の上司が存在するため，運用としては複雑になる。

マトリックス型の場合，プロジェクトが終了すると，もとの部署に戻るか別のプロジェクトに移る。

③　プロジェクト型組織

プロジェクト型（**図3-7**）は，プロジェクト・マネジャーに強い権限があり，プロジェクトごとに専任の部署が組織される。プロジェクト型の場合，メンバーはプロジェクトが終了すると所属が変わる。

プロジェクト予算をプロジェクト・マネジャーがコントロールするのは，強いマトリックス型以上であり，プロジェクト・マネジャーが専任なのは，バランスマトリックス型以上，事務スタッフが専任なのは，強いマトリックス型以上となる。

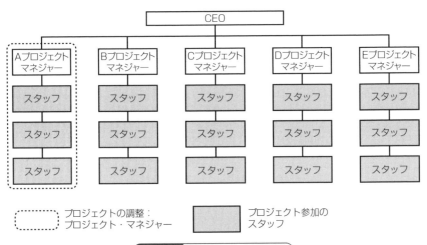

図3-7　プロジェクト型組織

第4章

プロジェクトマネジメント・プロセス

4.1 5つのプロセス群

　前章では，プロジェクト・ライフサイクルについて述べた。プロジェクト・ライフサイクルは，49のプロジェクトマネジメント・プロセスによりマネジメントされる。また前章では，プロジェクトを4つのフェーズに分けて検討した。そして，個々のフェーズを推進する5つのプロセス群（立上げ，計画，実行，監視・コントロール，終結）について触れた。この5つのプロセス群のことを，プロジェクトマネジメント・プロセス群と呼ぶ。なお，プロセス群は，プロジェクト・フェーズとは独立している。

　したがって，プロジェクトをフェーズごとに進め，プロジェクトマネジメント・プロセスを実施することで，プロジェクトマネジメントが行われることになる。

　5つのプロセス群は，プロセス間の統合，プロセス間の相互作用，プロセスが果たす目的という観点から次のように分類されている。

　立上げプロセス群

　「プロジェクトやフェーズを開始する認可を得ることによって，新規プロジェクトや既存プロジェクトの新しいフェーズを定義するために実行されるプロセス群」［PMBOK］

　計画プロセス群

　「プロジェクトの目標達成に向け，プロジェクトのスコープを確定し，目標を洗練し，求められる一連の行動を定義するために必要なプロセス群」［PMBOK］

実行プロセス群

「プロジェクトの要求事項を満たすために，プロジェクトマネジメント計画
書に定義された作業を完了するために実施するプロセス群」［PMBOK］

監視・コントロール・プロセス群

「プロジェクトの進捗やパフォーマンスを追跡し，レビューし，調整するた
めに必要なプロセス群。計画の変更が必要な分野を特定し，該当する変更を開
始する。」［PMBOK］

終結プロセス群

「プロジェクト，フェーズ，または契約を正式に完了または終結するために
実施するプロセス群」［PMBOK］

この5つのプロセス群を図示したものが，図4-1である。

図4-1は，PDCAサイクルとよく似ている。まず，Planは，計画プロセスで
ある。次に，Doは，実行プロセスであり，Check-Actionは，監視・コントロー
ル・プロセスである。また，第2章の表2-1（10の知識エリアと5つのプロセス
群と49のプロセス）から分かるように，プロジェクトマネジメント・プロセス
は，10の知識エリアにおいても分類されている。知識エリアとは，「知識に対
する要求事項によって定義されたもので，構成要素となるプロセス，実務慣行，
インプット，アウトプット，ツールと技法の観点から記述されているプロジェ

出典：PMBOKガイド第6版

図4-1　5つのプロセス群

表 4 - 1　10の知識エリア・5 つのプロセス群・49のプロセス
（インプット・ツールと技法・アウトプット）

アウトプット
ツールと技法
インプット

知識エリア	立上げプロセス群	計画プロセス群	実行プロセス群	監視・コントロール・プロセス群	終結プロセス群
プロジェクト統合マネジメント	プロジェクト憲章の作成	プロジェクトマネジメント計画書の作成	プロジェクト作業の指揮・マネジメント プロジェクト知識のマネジメント	プロジェクト作業の監視・コントロール 統合変更管理	プロジェクトやフェーズの終結
プロジェクト・スコープ・マネジメント		スコープ・マネジメントの計画 要求事項の収集 スコープの定義 WBSの作成		スコープの妥当性確認 スコープのコントロール	
プロジェクト・スケジュール・マネジメント		スケジュール・マネジメントの計画 アクティビティの定義 アクティビティの順序設定 アクティビティ所要期間の見積り スケジュールの作成		スケジュールのコントロール	
プロジェクト・コスト・マネジメント		コスト・マネジメントの計画 コストの見積り 予算の設定		コストのコントロール	
プロジェクト品質マネジメント		品質マネジメントの計画	品質のマネジメント	品質のコントロール	
プロジェクト資源マネジメント		資源マネジメントの計画 アクティビティ資源の見積り	資源の獲得 チームの育成 チームのマネジメント	資源のコントロール	
プロジェクト・コミュニケーション・マネジメント		コミュニケーション・マネジメントの計画	コミュニケーションのマネジメント	コミュニケーションの監視	
プロジェクト・リスク・マネジメント		リスク・マネジメントの計画 リスクの特定 リスクの定性的分析 リスクの定量的分析 リスク対応の計画	リスク対応策の実行	リスクの監視	
プロジェクト調達マネジメント		調達マネジメントの計画	調達の実行	調達のコントロール	
プロジェクト・ステークホルダー・マネジメント	ステークホルダーの特定	ステークホルダー・エンゲージメントの計画	ステークホルダー・エンゲージメントのマネジメント	ステークホルダー・エンゲージメントの監視	

クトマネジメントの特定された領域」[PMBOK]のことである。

　計画プロセスと監視・コントロール・プロセスは，10の知識エリアすべてにおいて実施される。また，49のプロセス内では，インプット，ツールと技法，アウトプットが行われることになる。したがって，**表2-1**は，実際には**表4-1**のようなものとして捉える必要がある。次節では，10の知識エリアとインプット，ツールと技法，アウトプットについて述べる。

4.2　10の知識エリア

　10の知識エリアは，相互に関係しているが，プロジェクトマネジメントの観点から，次のように個別に定義されている。

　プロジェクト統合管理マネジメント

　「プロジェクトマネジメント・プロセス群内の各種プロセスとプロジェクトマネジメント活動の特定，定義，結合，統一，調整を行うためのプロセスと活動からなる。」[PMBOK]

　プロジェクト・スコープ・マネジメント

　「プロジェクトを成功裏に完了するために必要なすべての作業，かつ必要な作業のみが確実に含まれるようにするプロセスからなる。」[PMBOK]

　プロジェクト・スケジュール・マネジメント

　「プロジェクトを所定の時期に完了するようにマネジメントする上で必要なプロセスからなる。」[PMBOK]

　プロジェクト・コスト・マネジメント

　「プロジェクトを承認済みの予算内で完了するためのコストの計画，見積り，予算化，資金調達，財源確保，マネジメント，およびコントロールを行うためのプロセスからなる。」[PMBOK]

　プロジェクト品質マネジメント

　「ステークホルダーの期待を満たすために，プロジェクトとプロダクトの品質要求事項の計画，マネジメント，およびコントロールに関する組織の品質方

針を組み込むプロセスからなる。」[PMBOK]

　プロジェクト資源マネジメント

　「プロジェクトを成功裏に完了させるために必要な資源を特定し，獲得し，そしてマネジメントするプロセスからなる。」[PMBOK]

　プロジェクト・コミュニケーション・マネジメント

　「プロジェクト情報の計画，収集，作成，配布，保管，検索，マネジメント，コントロール，監視，そして最終的な廃棄を適時かつ適切な形で確実に行うために必要なプロセスからなる。」[PMBOK]

　プロジェクト・リスク・マネジメント

　「プロジェクトに関するリスク・マネジメント計画，特定，分析，対応計画，対応処置の実行，およびリスクの監視を実施するプロセスからなる。」[PMBOK]

　プロジェクト調達マネジメント

　「必要なプロダクト，サービス，あるいは所産をプロジェクト・チームの外部から購入または取得するために必要なプロセスからなる。」[PMBOK]

　プロジェクト・ステークホルダー・マネジメント

　「プロジェクトに影響を与えたりプロジェクトによって影響を受けたりする可能性がある個人やグループまたは組織を特定し，ステークホルダーの期待とプロジェクトへの影響力を分析し，ステークホルダーがプロジェクトの意思決定や実行に効果的に関与できるような適切なマネジメント戦略を策定するために必要なプロセスからなる。」[PMBOK]

　これら10の知識エリアと，前節で述べた5つのプロセス群で，49のプロセスが分類されているが，各プロセスには，インプット，ツールと技法，アウトプットがあり，これらは互いに，あるいは他のプロセスと関連して実施される。そして，1つのプロセスのアウトプットは，別のプロセスのインプットになるか，プロジェクトまたはプロジェクト・フェーズの成果物となる。

　そのため，PMBOKにおける標準的な記法は，**図4-2**のように表される。

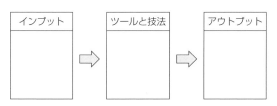

図4-2 PMBOKにおける標準的な記法

　したがって，プロジェクトマネジメントを実行するためには，立上げプロセス群のプロジェクト統合マネジメントのプロセスである「プロジェクト憲章の作成」と立上げプロセス群のプロジェクト・ステークホルダー・マネジメントのプロセスである「ステークホルダーの特定」から始めれば良いことになる。

　その後，計画プロセス群を10の知識エリアについて行い，実行プロセス群，監視・コントロール・プロセス群，最後に終結プロセス群の「プロジェクトやフェーズの終結」のプロセスを行えば良いことになる。

　ただし，現実のプロジェクトで，すべてのプロセスやインプット，ツールと技法を用いたアウトプットを実施しなければならないということではない。常にどのプロセスが適切なのか，どのインプットを使うのか，どのツールと技法を用いるのか，どの程度のアウトプットにするのかを定義しておく必要がある。このように，対象に応じて具体化したり，詳細を定めたり，一部を改変したりする作業のことをテーラリング（Tailoring）と呼ぶ。テーラリングは，もともと（洋服の）仕立て，仕立て直し，という意味の英単語である。つまり，自身が所属するプロジェクトに応じて必要なプロセス，インプットやツールと技法，アウトプットを仕立て，仕立て直しするように取捨選択すればよい。

4.3 立上げプロセス群 ──プロジェクト憲章の作成

　立上げプロセス群のプロジェクトマネジメント・プロセスは，「プロジェクト憲章の作成」と「ステークホルダーの特定」である。本節では，プロジェク

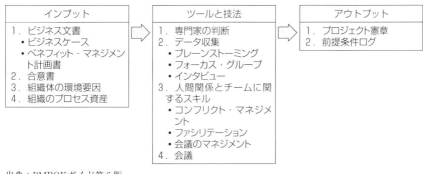

出典：PMBOKガイド第6版

図 4-3 プロジェクト憲章の作成：
インプット，ツールと技法，アウトプット

ト憲章の作成のプロセスについて取り上げる。

　プロジェクト憲章の作成は，「プロジェクトの存在を正式に認可し，プロジェクト活動に組織の資源を適用する権限をプロジェクト・マネジャーに与えるための文書を作成するプロセス」［PMBOK］のことである。このプロセスでは，**図 4-3** のようなインプット，ツールと技法，アウトプットとなっている。

　したがって，プロジェクト憲章の作成のプロセスでは，インプット（1．ビジネス文書，2．合意書，3．組織体の環境要因，4．組織のプロセス資産）をもとに，ツールと技法（1．専門家の判断，2．データ収集，3．人間関係とチームに関するスキル，4．会議）を用いて，アウトプット（1．プロジェクト憲章，2．前提条件ログ）を作成すれば良いことになる。ただし，前節で述べたように，インプット，ツールと技法，アウトプットのすべてを実施しなければならないということではない。プロジェクトをマネジメントするために，適切なプロジェクトマネジメント・プロセス，インプット，ツールと技法，アウトプット，およびライフサイクル・フェーズを選択することになる。しかし，その内容や意味，定義は，知っておく必要がある。

　プロジェクト憲章が作成され，認可されることで，プロジェクト・マネジャーに組織の資源をプロジェクト活動に使用する権限が与えられる。プロ

ジェクト憲章は，プロジェクトの方向性を決める重要な文書で，プロジェクト発足許可書と考えてもよい。プロジェクトのイニシエーター（Initiator）またはスポンサーが発行するが，プロジェクト・マネジャーが委任され，作成することもある。

　まずインプットにあるビジネス文書であるが，これはビジネス・ケース（Business Case）とベネフィット・マネジメント計画書（Benefits Management Plan）から構成されている。ビジネス・ケースは，「文書化された経済的な実現可能性調査」[PMBOK]のことで，ベネフィット・マネジメント計画書は，「プロジェクトまたはプログラムから得られるベネフィットを創出し，最大化し，持続するためのプロセスを定義した記述書」[PMBOK]である。つまり，プロジェクトへの投資効果を判断するために用いられる。

　合意書は，当事者間で合意した内容を明らかにする目的で作成された文書のことである。合意内容が明らかにされていれば，書面である必要はない。組織体の環境要因と組織のプロセス資産については，第3章第3節で述べたとおりである。

　次にツールと技法にある専門家の判断（Expert Judgment）は，「適用分野，知識エリア，専門分野，業界などにおける専門的な知識に基づいた，遂行されるべきアクティビティのための適切な判断」[PMBOK]のことである。専門的な知識は，多くのマネジメント・プロセスで登場するがその知識エリアに関連する特別な教育，知識，スキル，経験を持つかあるいはトレーニングを受けているグループや個人から得られ，その意見を参考にして判断に用いることである。

　データ収集は，ブレーンストーミング，フォーカス・グループ（Focus Group），インタビュー（Interview）から構成されている。

　ブレーンストーミングは，1939年，アメリカのアレックス・F・オズボーン（A.F.Osborn）が提唱した。数人程度が集まり，問題に対する意見を自由に出し合い，相互に意見を出し合うことによって，他人に触発された新しいアイデアの導出やより問題の本質に迫る意見などを収集することを期待する技法である。

このとき，批判厳禁，質より量，自由奔放，結合改善という 4 つの原則がある。

　フォーカス・グループは，1941年，アメリカのロバート・K・マートン（R.K.Merton）とポール・F・ラザースフェルド（P.F.Lazarsfeld）によって開発された[23]。実施方法は，回答者を選別した上で同じ部屋に集める（ステークホルダーなど）。通常は，6 人から10人程度で行う。時間的には，1 時間から 2 時間であり，司会役が議論を誘導する。議論は特に構成が決まっていないので，司会役は大幅に脱線しないかぎり自由に参加者に発言させる。そして，特定の話題について，参加者の理解，感情，受け止め方，考えを引きだす。

　インタビューは，2 人かそれ以上の間での会話で，一方が他方に質問をして情報を得るために行われる。

　人間関係とチームに関するスキル（Interpersonal and Team Skills）は，「チーム・メンバーおよび他のステークホルダーを効果的にリードし，相互に作用するために用いられるスキル」[PMBOK]のことである。構成要素のコンフリクト・マネジメント，ファシリテーション，会議のマネジメントについては，第 5 章で述べる。

　会議（Meeting, Conference）は，関係者が集まって特定の案件について相談をし，意思決定をすることである。

　最後に，アウトプットであるプロジェクト憲章は，

- プロジェクトの目的
- 測定可能なプロジェクト目標と関連する成功基準
- ハイレベルの要求事項
- ハイレベルのプロジェクト記述，境界，および主要成果物
- プロジェクトの全体リスク
- 要約マイルストーン・スケジュール
- 事前承認された財源
- 主要ステークホルダー・リスト
- プロジェクト承認要求事項
- プロジェクト修了基準

- 任命されたプロジェクト・マネジャー，その責任と権限のレベル
- プロジェクト憲章を認可するスポンサーあるいは他の人物の名前と地位

などの情報が記載される。

プロジェクト憲章によって，プロジェクトが発足した理由，活動の目標などが明確にでき，計画の具体的な指標にもなる。なお，本書では，以降にもPMBOK記載の項目を記すが，全ての項目が必要であるのではなく，また記載されていないものを記述することがあっても構わない。特に組織独自のフォーマットなどが存在する場合は，そのフォーマットに従って記載すれば良い。

次に，前提条件ログは，プロジェクト・ライフサイクル全体でのすべての前提条件および制約条件を記録するために使用される。

4.4 立上げプロセス群 ——ステークホルダーの特定

ステークホルダーの特定は，「プロジェクトのステークホルダーを定期的に特定し，プロジェクト成功への関心事，関与，相互依存，影響，および潜在的影響に関連する情報を分析し，文書化するプロセス」[PMBOK]である。このプロセスは，プロジェクト全体を通して，定期的に実行される。

ステークホルダーの特定のプロセスでは，図4-4のようなインプット，ツールと技法，アウトプットとなっている。

インプットのプロジェクト憲章，ビジネス文書については前節で述べた。プロジェクトマネジメント計画書は，ステークホルダーを最初に特定するときには利用できない。また，その内容については，次章以降で述べる。同様に，プロジェクト文書も，最初の特定の時にはほとんど利用しないが，5節で他のプロジェクト文書を含めて，まとめて述べておく。さらに，合意書，組織体の環境要因，組織のプロセス資産についてもすでに述べている。

このように，本書では，インプット，ツールと技法，アウトプットの構成内容を示し，同じ内容については，該当する章の中で，最初に登場するときに，

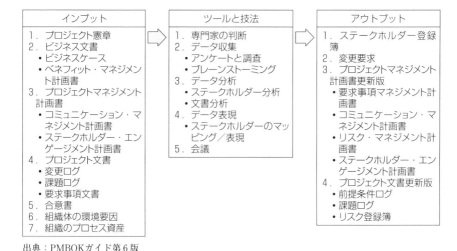

出典：PMBOKガイド第6版

図4-4 ステークホルダーの特定：
インプット，ツールと技法，アウトプット

あるいは最も関連する知識エリアの章で取り上げることにする。特にツールと技法については，PMBOKでは詳細な説明が行われていないため，本書ではできる限り取り上げて行うことにする。そこで，本節では，ツールと技法のデータ収集の構成要素であるアンケートと調査から説明を行う。

　アンケートと調査は，多数の回答者からの情報を迅速に収集するために考えられた一連の質問のことである。迅速に結果を得る必要のある場合や回答者が地理的に分散している場合，統計的分析が行える場合などで，さまざまな人を対象にすることに適している。

　データ収集の2つ目の構成要素であるブレーンストーミングについては，前節で述べているが，ステークホルダーの特定に使用されるときは，ブレーン・ライティング（Brain Writing）も含まれている。ブレーン・ライティングは，リレー形式でアイデアをシートに記入しながらブレーンストーミングを行う方法で，短時間でアイデアを発展させていく手法である。シートに書くことで，発言力の差によるアイデアの偏りや，参加者間で相手に気遣って発言しにくい

といった障壁を避けることができ，全員にアイデアを出してもらいやすいというメリットがある。

　ステークホルダー分析（Stakeholder Analysis）は，組織内での立場，プロジェクトにおける役割，利害関係，期待，態度（プロジェクトへの支援レベル），およびプロジェクトに関する情報への関心など，についてステークホルダーを分析することである。

　文書分析（Document Analysis）は，既存の文書を分析することで，ステークホルダーとその他の支援情報を特定する。

　ステークホルダーのマッピングや表現は，ステークホルダーを分類することである。たとえば，縦軸にステークホルダーの権力，横軸にプロジェクトへの関心度を取り，各ステークホルダーがどこに位置するかをマッピングしたものが図4-5である。この図から，権力が大きく，プロジェクトへの関心が高い第1象限に位置するステークホルダーには，適切な情報を，適切なタイミングで展開したり，事後報告ではなく，事前に相談をしたりするなど，注意深くマネジメントする必要がある。権力が大きいものの，プロジェクトに大きな関心を持っていない第2象限に位置するステークホルダーには，満足な状態を保つ必要がある。権力が小さく，関心度も低い第3象限に位置するステークホルダーには，最小限の対応で済ませることで他のステークホルダーに注力する必要がある。権力は大きくないものの，プロジェクトへの関心が強い第4象限に位置するステークホルダーには，常に情報を伝える必要がある。

　この他にも権力と関与度のグリッドや影響度と関与度のグリッドなどの分類もある。

　また，このグリッド・モデルの改良版として，ステークホルダー・キューブ（Stakeholder Cube）があり，グリッド要素を三次元で表現している。

　アウトプットのステークホルダー登録簿は，ステークホルダーの名前，組織での立場，住所と連絡先の詳細，プロジェクトでの役割などの識別情報，要求事項，期待，プロジェクト成果に影響を与える可能性，関与度または影響度が最も高いプロジェクト・ライフサイクルのフェーズなどの評価情報，およびス

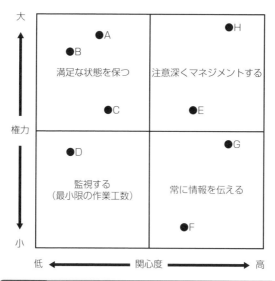

図４−５ ステークホルダーの権力と関心度のグリッド

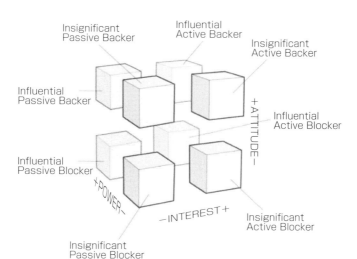

出典：Dr. Lynda Bourne: Series on Stakeholder Engagement, Understanding and visualising your stakeholder community, PM Journal, Vol.4, Issue 4, 2015

図４−６ ステークホルダー・キューブ

テークホルダー分類などの情報が含まれている文書のことである。

4.5 プロジェクト文書

　プロジェクト文書は，**表4-2**のように33の文書がある。そこで，この33の文書について，本節で説明を行うことにして，次章以降は，その説明を省略することにする。

　1）アクティビティ属性（Activity Attributes）

　　「個々のスケジュール・アクティビティにある複数の属性で，アクティビティ・リストに収めるべき属性。アクティビティ属性は，アクティビティ・コード，先行アクティビティ，後続アクティビティ，論理的順序関係，リードとラグ，資源に対する要求事項，指定日，制約条件，および前提条件からなる。」〔PMBOK〕

　2）アクティビティ・リスト（Activity List）

　　「スケジュール・アクティビティを表にした文書。アクティビティ記述，アクティビティ識別子，および詳細な作業範囲を表示しているので，プロジェクト・チーム・メンバーは実行すべき作業を理解できる。」〔PMBOK〕

　3）前提条件ログ（Assumption Log）

　　「プロジェクト・ライフサイクルを通してすべての前提条件と制約条件を記録するために使用するプロジェクト文書。」〔PMBOK〕

　4）見積りの根拠（Basic of Estimates）

　　「プロジェクトの見積りに使用する，前提条件，制約条件，詳細度，見積幅，信頼度などを記載した詳細な補足資料。」〔PMBOK〕

　5）変更ログ（Change Log）

　　「プロジェクトの期間中に提出された変更とその時点での状況をすべて含むリスト。」〔PMBOK〕

表 4-2　プロジェクト文書

プロジェクト文書一覧
1．アクティビティ属性
2．アクティビティ・リスト
3．前提条件ログ
4．見積りの根拠
5．変更ログ
6．コスト見積り
7．コスト予測
8．所要期間見積り
9．課題ログ
10．教訓登録簿
11．マイルストーン・リスト
12．物的資源の割当て
13．プロジェクト・カレンダー
14．プロジェクト伝達事項
15．プロジェクト・スケジュール
16．プロジェクト・スケジュール・ネットワーク図
17．プロジェクト・スコープ記述書
18．プロジェクト・チームの任命
19．品質コントロール測定結果
20．品質尺度
21．品質報告書
22．要求事項文書
23．要求事項トレーサビリティ・マトリックス
24．資源ブレークダウン・ストラクチャー
25．資源カレンダー
26．資源要求事項
27．リスク登録簿
28．リスク報告書
29．スケジュール・データ
30．スケジュール予測
31．ステークホルダー登録簿
32．チーム憲章
33．テスト・評価文書

出典：PMBOKガイド第6版

54

6）コスト見積り（Estimate Costs）

　　「プロジェクト作業を完了するために必要な資源の概算金額を算出する
プロセス。」[PMBOK]によって得られるリスト。

7）コスト予測（Forecast Costs）

　　「産出したEAC（Estimate At Completion，第8章第5節参照）の値，また
はボトムアップによるEACの値のいずれかを文書化して，ステークホル
ダーへ通知する。」[PMBOK]

8）所要期間見積り（Estimate Duration）

　　「アクティビティまたはWBS（第6章第5節参照）要素を完了するために
必要な総作業期間。（時間数，日数，週数で表す）」[PMBOK]の見積り。

9）課題ログ（Issue Log）

　　「課題についての情報が記録され監視されるプロジェクト文書。」[PMB
OK]

10）教訓登録簿（Lessons Learned Register）

　　「プロジェクト期間に得られた知識の記録に使用するプロジェクト文書。
現行プロジェクトで使用することも，教訓リポジトリに記入することもで
きる。」[PMBOK]

11）マイルストーン・リスト（Milestone List）

　　「プロジェクト，プログラム，またはポートフォリオにおいて重要な意
味を持つ時点やイベント。」[PMBOK]のリスト。

12）物的資源の割当て

　　「物的資源の割当文書は，プロジェクト中に使用される資材，装置，サ
プライ，場所，およびその他の物的資源を記録したものである。」[PMB
OK]

13）プロジェクト・カレンダー（Project Calendar）

　　「予定されたアクティビティのために使用できる，作業日やシフト勤務
日を特定したカレンダー。」[PMBOK]

14）プロジェクト伝達事項

　「プロジェクト伝達事項には，パフォーマンス報告書，成果物の状況，スケジュールの進捗状況，被った費用，プレゼンテーション，その他ステークホルダーから要求された情報が含まれるが，これらに限定されるものではない。」［PMBOK］

15）プロジェクト・スケジュール（Project Schedule）

　「予定日，所要期間，マイルストーン，および資源に結びつけられたアクティビティを含むスケジュール・モデルのアウトプット。」［PMBOK］

16）プロジェクト・スケジュール・ネットワーク図（Project Schedule Network Diagram）

　「プロジェクトのスケジュール・アクティビティ間の論理的順序関係を示した図。」［PMBOK］

17）プロジェクト・スコープ記述書（Project Scope Statement）

　「プロジェクトのスコープ，主要な成果物，前提条件や制約条件などを記述した文書。」［PMBOK］

18）プロジェクト・チームの任命

　「チームの任命に関する文書は，プロジェクトのチーム・メンバーとその役割および責任を記録したものである。」［PMBOK］

19）品質コントロール測定結果（Quality Control Measurements）

　「品質コントロール活動の結果を文書化した記録。」［PMBOK］

20）品質尺度（Quality Metrics）

　「プロジェクトまたはプロダクトの属性とその属性をどのように測定するかを記述したもの。」［PMBOK］

21）品質報告書（Quality Report）

　「品質マネジメントの課題，是正処置の提言，品質管理活動で明らかになった事項のまとめを含むプロジェクト文書。プロセス，プロジェクト，プロダクトの改善提案も含まれる。」［PMBOK］

22) 要求事項文書（Requirements Documentation）

「個々の要求事項がプロジェクトのビジネス・ニーズをどのように満た
すかについて記述した文書。」［PMBOK］

23) 要求事項トレーサビリティ・マトリックス（Requirements Traceability
Matrix）

「プロダクトの要求事項の発生源と，要求事項を満足させる成果物の結
びつきを格子状に示したもの。」［PMBOK］

24) 資源ブレークダウン・ストラクチャー（Resource Breakdown Structure）
「資源を区分と類型別に階層表示したもの。」［PMBOK］

25) 資源カレンダー（Resource Calendar）
「各資源を投入可能な作業日およびシフトを示す日程表。」［PMBOK］

26) 資源要求事項（Resource Requirements）
「ワーク・パッケージ内の各アクティビティに必要な資源の種類と量。」
［PMBOK］

27) リスク登録簿（Risk Register）
「リスク・マネジメント・プロセスのアウトプットが記録されたリポジ
トリ。」［PMBOK］

28) リスク報告書（Risk Report）
「プロジェクト・リスク・マネジメント・プロセスを通して順次に作成
されていくプロジェクト文書。プロジェクトの個別リスクや全体リスクの
レベルに関する情報をまとめたもの。」［PMBOK］

29) スケジュール・データ（Schedule Data）
「スケジュールについて記述しコントロールするための情報の集合。」
［PMBOK］

30) スケジュール予測（Schedule Forecast）
「スケジュールの計算時に得られる情報と知識に基づき，プロジェクト
の将来の状態やイベントを見積もったり予測したりすること。」［PMB
OK］

31）ステークホルダー登録簿（Stakeholder Register）

　「プロジェクト文書の1つ。プロジェクト・ステークホルダーの特定，査定，および分類を含む。」［PMBOK］

32）チーム憲章（Team Charter）

　「チームの意義，合意，運用指針を記録した文書であり，プロジェクト・チーム・メンバーに受け入れられる振る舞いへの明確な期待を確立するもの。」［PMBOK］

33）テスト・評価文書（Test and Evaluation Documents）

　「品質マネジメント計画書に定義された品質目標をプロダクトが満たしているか判断するために行う活動を記述したプロジェクト文書。」［PMBOK］

以上のプロジェクト文書は，プロジェクト活動によって作成される，プロジェクトマネジメント計画書以外の文書となる。なお，プロジェクトマネジメント計画書については，次章で述べることにする。

第 5 章

プロジェクト統合マネジメント

5.1 プロジェクト統合マネジメントのプロセス

　プロジェクト統合マネジメントは,「プロジェクトマネジメント・プロセス群内の各種プロセスとプロジェクトマネジメント活動の特定, 定義, 結合, 統一, 調整などを行うために必要なプロセスおよび活動からなる。」[PMBOK]と定義されている。統合には, 統一, 集約, コミュニケーションおよび相互関係の特性が含まれる。

　プロジェクト統合マネジメントは, 前章で述べた5つのプロセス群のすべてに関わる唯一のエリアになっている。

　また, 前章の**表4-1**から, プロジェクト統合マネジメントのみを抜き出したものが, **図5-1**である。

　図5-1より, プロジェクト統合マネジメントのプロセスは,

知識エリア	プロジェクトマネジメント・プロセス群				
	立上げ プロセス群	計画 プロセス群	実行 プロセス群	監視・ コントロール・ プロセス群	終結 プロセス群
プロジェクト 統合マネジメント	プロジェクト 憲章の作成	プロジェクトマネジメント計画書の作成	プロジェクト作業の 指揮・マネジメント プロジェクト知識の マネジメント	プロジェクト作業の監視・コントロール 統合変更管理	プロジェクト やフェーズの 終結

図5-1 プロジェクト統合マネジメントの7つのプロセス
（インプット・ツールと技法・アウトプット）

- プロジェクト憲章作成（Develop Project Charter）
- プロジェクトマネジメント計画書作成（Develop Project Management Plan）
- プロジェクト作業の指揮・マネジメント（Direct and Manage Project Work）
- プロジェクト知識のマネジメント（Manage Project Knowledge）
- プロジェクト作業の監視・コントロール（Monitor and Control Project Work）
- 統合変更管理（Perform Integrated Change Control）
- プロジェクトやフェーズの終結（Close Project and Phase）

の7つのプロセスとなる。

　このように，本章以降は，該当する知識エリアとそのプロセスを検討することにする。なお，立上げプロセス群のプロジェクト憲章作成については，第4章で述べており，プロジェクトやフェーズの終結については，第15章の終結プロセスにおいて述べることとし，本章では残りの5つのプロセスを順に取り上げる。

5.2　プロジェクトマネジメント計画書の作成

　プロジェクトマネジメント計画書の作成のプロセスでは，**図5-2**のようなインプット，ツールと技法，アウトプットとなっている。

　プロジェクトマネジメント計画書の作成は，「すべての計画構成要素を定義し，作成し，調整するとともに，これらを統合されたプロジェクトマネジメント計画書へ集約するプロセスである。」［PMBOK］と定義されている。そのため，インプットは，マネジメント憲章，他のプロセスからのアウトプット，組織体の環境要因（EEF），組織のプロセス資産（OPA）となっており，ツールと技法は，専門家の判断，データ収集（ブレーンストーミング，チェックリスト，フォーカス・グループ，インタビュー），人間関係とチームに関するスキル（コンフリクト・マネジメント，ファシリテーション，会議のマネジメント），会議であり，アウトプットは，プロジェクトマネジメント計画書となっている。

　プロジェクトマネジメント計画書は，プロジェクトの実行，監視・コント

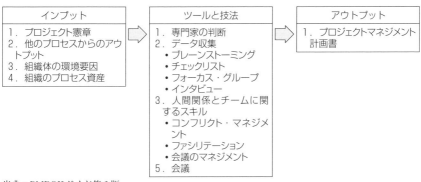

出典：PMBOKガイド第6版

図5-2　プロジェクトマネジメント計画書の作成：インプット，ツールと技法，アウトプット

ロール，および終結の方法を規定している。そのためプロジェクトマネジメント計画書作成のプロセスは，プロジェクトの終結まで継続して行われる。継続していく中で，実行プロセスや監視・コントロール・プロセスからフィードバックを受けて，計画書の内容を更新していくことになる。これを段階的詳細化（Stepwise Refinement）と呼ぶ。

　さて，このプロセスのツールと技法の中で，前章で述べたものを除くと，チェックリスト，コンフリクト・マネジメント，ファシリテーション，会議のマネジメントになる。この中で，チェックリストについては，QC七つ道具の1つでもあるので最も関連のある第9章で述べることにする。

　まず，コンフリクト・マネジメントの「コンフリクト」とは「競合」「対立」「衝突」「葛藤」のことである。コンフリクトの源は，資源不足，スケジュールの優先順位，個人の作業スタイルなどによって発生するため，コンフリクトの解消を行わなければならない。これには，一般的に次の5つの方法がある。

　　1）**撤退や回避**：現在あるいは潜在的なコンフリクト状態から身を引き，対応する準備が整うまで，あるいは他の誰かが解消するまで課題を先送りする。ただし，Lose-Loseになる可能性が大きい。

　　2）**鎮静や適応**：意見などが対立している部分ではなく，同意できる部分を

強調し，相手のニーズへの立場を認めて，調和と関係を維持する。

3）妥協や和解：関係者全員がある程度は納得できる解決策を模索し，コンフリクトを一時的あるいは部分的に解消する。ただし，Lose-Winになったり，ときどき双方に不利な状況に終わったりすることもある。

4）強制や指示：相手を犠牲にして，自分の観点を押しつける。Win-Loseという解決策であり，通常は権力のある立場を利用して，緊急事態を解決する。

5）協力や問題解決：異なる観点から複数の視点や洞察を取り込む。一般に，コンセンサスとコミットメントにつながる協調性のある姿勢とオープンな対話が求められる。お互いにWin-Winになる可能性が大きい。

次に，ファシリテーションは，人々の活動が容易にできるよう支援し，うまくことが運ぶよう舵取りすることである。集団による問題解決，アイデア創造，教育，学習等，あらゆる知識創造活動を支援し促進していく。ファシリテーターが進行役となって，グループワークを成功に導く。ファシリテーターは，①前向きな参加であること，②参加者が相互理解を達成すること，③すべての貢献が考慮されること，④結論や結果にはプロジェクト用に確立された決定プロセスに基づく完全な合意がなされること，⑤達成された行動と合意は後に適切に実行されること，を確実に行う。

そして，会議のマネジメントは，会議で意図した目標が効果的にかつ効率的に達成されるように，次のような手順を踏みながら進めることである。

• 会議の目的を記した議題を準備し，配布する
• 公開された時間に開始し，終了する
• 適切な参加者が招集され，参加していることを確認する
• トピックから逸脱しない
• 期待，課題，コンフリクトに対処する
• 会議内容を記録する

ここでは，プロジェクトマネジメント計画書の作成のプロセスにおけるインプット，ツールと技法について考えてきたが，このプロセスのアウトプットは，

表5-1 プロジェクトマネジメント計画書

プロジェクトマネジメント計画書
1．スコープ・マネジメント計画書
2．要求事項マネジメント計画書
3．スケジュール・マネジメント計画書
4．コスト・マネジメント計画書
5．品質マネジメント計画書
6．資源マネジメント計画書
7．コミュニケーション・マネジメント計画書
8．リスク・マネジメント計画書
9．調達マネジメント計画書
10．ステークホルダー・エンゲージメント計画書
11．変更マネジメント計画書
12．コンフィグレーション・マネジメント計画書
13．スコープ・ベースライン
14．スケジュール・ベースライン
15．コスト・ベースライン
16．パフォーマンス測定ベースライン
17．プロジェクト・ライフサイクルの記述
18．開発アプローチ

出典：PMBOKガイド第6版

プロジェクトマネジメント計画書である。

　プロジェクトマネジメント計画書は，プロジェクトを実行，監視・コントロール，および終結する方法を記述した文書である。プロジェクトマネジメント計画書の構成要素を**表5-1**に示しておく。また，その内容については，該当する章で述べることにする。

5.3 プロジェクト作業の指揮・マネジメント

　プロジェクト作業の指揮・マネジメントのプロセスでは，**図5-3**のようなインプット，ツールと技法，アウトプットとなっている。

　プロジェクト作業の指揮・マネジメントは，「プロジェクト目標を達成するために，プロジェクトマネジメント計画書で定義された作業をリードし，遂行

64

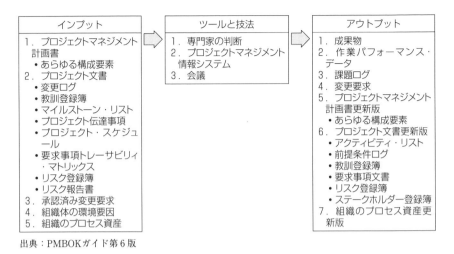

インプット	ツールと技法	アウトプット
1．プロジェクトマネジメント計画書 　•あらゆる構成要素 2．プロジェクト文書 　•変更ログ 　•教訓登録簿 　•マイルストーン・リスト 　•プロジェクト伝達事項 　•プロジェクト・スケジュール 　•要求事項トレーサビリィ・マトリックス 　•リスク登録簿 　•リスク報告書 3．承認済み変更要求 4．組織体の環境要因 5．組織のプロセス資産	1．専門家の判断 2．プロジェクトマネジメント情報システム 3．会議	1．成果物 2．作業パフォーマンス・データ 3．課題ログ 4．変更要求 5．プロジェクトマネジメント計画書更新版 　•あらゆる構成要素 6．プロジェクト文書更新版 　•アクティビティ・リスト 　•前提条件ログ 　•教訓登録簿 　•要求事項文書 　•リスク登録簿 　•ステークホルダー登録簿 7．組織のプロセス資産更新版

出典：PMBOKガイド第6版

図5-3　プロジェクト作業の指揮・マネジメント：インプット，ツールと技法，アウトプット

し，また承認済み変更を実施するプロセスである。」［PMBOK］と定義されている。

　インプットでは，承認済み変更要求があるが，これは，6節で述べる統合変更管理プロセスのアウトプットである。プロジェクト・マネジャーまたは変更管理委員会（CCB：Change Control Board）がレビューし，実施を承認した要求のことである。

　ツールと技法では，プロジェクトマネジメント情報システム（PMIS：Project Management Information System）があるが，これは，「プロジェクトマネジメントのプロセスから生み出させるアウトプットを収集，統合，および配布するために使用されるツールと技法からなる情報システム」［PMBOK］のことである。「スケジューリング・ソフトウェア・ツール，作業認可システム，コンフィギュレーション・マネジメント・システム，情報収集・配布システムのほか，企業の知識ベース・リポジトリなど他のオンライン自動化システムとのインターフェイスのような，情報技術（IT）ソフトウェア・ツールへのアクセスを提供する。」［PMBOK］

　アウトプットでは，成果物（Deliverable）があるが，これは，「プロセス，フェーズ，またはプロジェクトを完了するために生成することが求められる固有で検証可能なプロダクト，所産，またはサービス遂行能力」［PMBOK］のことである。また，作業パフォーマンス・データ（Work Performance Data）は「プロジェクト作業に取り組む上で，アクティビティの実行中に把握した生の観測および測定値」［PMBOK］のことである。そして，変更要求（Change Request）は，「文書，成果物，またはベースラインへの修正を求める正式な提案」［PMBOK］のことである。

　変更要求は，プロジェクト内外から発行することができ，是正処置（Corrective Action），予防処置（Preventive Action），欠陥修正（Defect Repair），更新（Update）などが行われる。

5.4 プロジェクト知識のマネジメント

　プロジェクト知識のマネジメントのプロセスでは，**図5-4**のようなインプット，ツールと技法，アウトプットとなっている。

　プロジェクト知識のマネジメントは，「既存の知識を使用し新しい知識を創出することで，プロジェクト目標の達成と組織としての学習に貢献するプロセス」［PMBOK］と定義されている。

　ツールと技法では，知識マネジメント（Knowledge Management）があるが，これは「新しい知識を創出し，暗黙知を共有し，多様なチーム・メンバーの知識を統合するために，人々に連携させる」［PMBOK］ことで，専門知識の共有を図る。また，情報マネジメント（Information Management）は「情報を創出し，人を情報につなげるために使用され」［PMBOK］，文書化された形式知を共有することに効果がある。人間関係とチームに関するスキルでは，積極的傾聴，リーダーシップ，ネットワーキング，政治的な認識がある。

　積極的傾聴（Active Listening）は，「理解の妨げとなる障壁を認め，明確化し，確認し，理解し，除去する」［PMBOK］ことである。

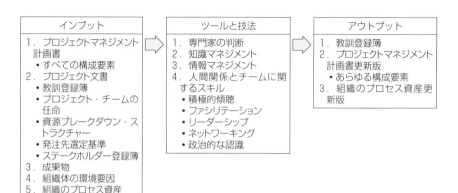

出典：PMBOKガイド第6版

図5-4 プロジェクト知識のマネジメント：
インプット，ツールと技法，アウトプット

　リーダーシップ（Leadership）・スキルは，「チームを統率し，モチベーションを与えながら導いていく能力」[PMBOK]のことである。

　ネットワーキング（Networking）は，「同じ組織または他の組織の人たちとのつながりと関係を築く」[PMBOK]ことである。

　政治的な認識は，「プロジェクト・マネジャーがプロジェクト環境だけでなく組織の政治的環境に基づいてコミュニケーションを策定する」[PMBOK]ことに役立っている。

　プロジェクトを遂行する上で過去の教訓を活かし，新しい教訓を創出して，後のプロジェクトの教訓とするプロセスとなっている。

5.5 プロジェクト作業の監視・コントロール

　プロジェクト作業の監視・コントロールのプロセスでは，図5-5のようなインプット，ツールと技法，アウトプットとなっている。

　プロジェクト作業の監視・コントロールは，「プロジェクトマネジメント計画書に定義されたパフォーマンス目標を達成するため，全体的な進捗を追跡，

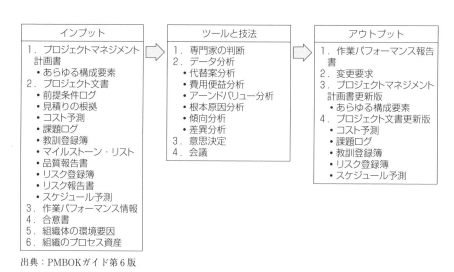

出典：PMBOKガイド第6版

図5-5　プロジェクト作業の監視・コントロール：インプット，ツールと技法，アウトプット

レビュー，かつ報告するプロセス」［PMBOK］と定義されている。

　インプットの作業パフォーマンス情報（Work Performance Information）は，「コントロール・プロセスから収集したパフォーマンス・データ。プロジェクトマネジメント計画書の構成要素，プロジェクト文書，および他のプロセスからの作業パフォーマンス情報との比較により分析したデータ。」［PMBOK］のことである。

　ツールと技法のデータ分析には，代替案分析（Alternative Analysis），費用便益分析（Cost-Benefit Analysis），アーンド・バリュー分析（Earned Value Analysis），根本原因分析（Root Cause Analysis），傾向分析（Trend Analysis），差異分析（Variance Analysis）があるが，アーンド・バリュー分析については，最も関連のある第8章で，費用便益分析と根本原因分析については第9章で述べることにする。また，意思決定については，次節で述べる。

　代替案分析は，「プロジェクト作業を実行し成し遂げるために使う選択肢または手法を選定するために特定された選択肢を評価する技法」［PMBOK］のこ

とである。

　傾向分析は，「数学的モデルを用い，過去の結果に基づいて将来の成果を予測する分析技法」[PMBOK]である。

　差異分析は，「ベースラインと実際のパフォーマンスの違いが生じた原因と度合いを判定する技法」[PMBOK]である。

　アウトプットの作業パフォーマンス報告書（Work Performance Reports）は，「作業パフォーマンス情報を物理的または電子的にまとめたプロジェクト文書。意思決定や対策，あるいは認識を引き出すために用いる」[PMBOK]ものである。

5.6 統合変更管理

　統合変更管理のプロセスでは，図5-6のようなインプット，ツールと技法，アウトプットとなっている。

　統合変更管理は，「すべての変更要求をレビューし，変更を承認して，成果物，プロジェクト文書，プロジェクトマネジメント計画書などへの変更をマネジメントし，決定事項を伝達するプロセス」[PMBOK]と定義されている。

　インプットのプロジェクトマネジメント計画書の中に，変更マネジメント計画書（Change Management Plan），コンフィグレーション・マネジメント計画書（Configuration Management Plan），スコープ・ベースライン（Scope Baseline），スケジュール・ベースライン（Schedule Baseline），コスト・ベースライン（Cost Baseline）が登場している。最初の2つの計画書については本節で述べるが，スコープ・ベースラインは第6章で，スケジュール・ベースラインは第7章で，コスト・ベースラインは第8章で述べることにする。なお，これら3つのベースラインを，プロジェクト・ベースラインと呼んでいる。

　変更マネジメント計画書は，「プロジェクト全体の変更要求を正式に認可して組み込む方法を記述した計画書」[PMBOK]と定義されている。

　コンフィグレーション・マネジメント計画書は，「プロジェクトのプロダク

インプット	ツールと技法	アウトプット
1．プロジェクトマネジメント計画書 　•変更マネジメント計画書 　•コンフィグレーション・マネジメント計画書 　•スコープ・ベースライン 　•スケジュール・ベースライン 　•コスト・ベースライン 2．プロジェクト文書 　•見積りの根拠 　•要求事項トレーサビリィ・マトリックス 　•リスク報告書 3．作業パフォーマンス報告書 4．変更要求 5．組織体の環境要因 6．組織のプロセス資産	1．専門家の判断 2．変更管理ツール 3．データ分析 　•代替案分析 　•費用便益分析 4．意思決定 　•投票 　•独裁的決定 　•多基準意思決定分析 5．会議	1．承認済み変更要求 2．プロジェクトマネジメント計画書更新版 　•あらゆる構成要素 3．プロジェクト文書更新版 　•変更ログ

出典：PMBOKガイド第6版

図5-6　統合変更管理：
インプット，ツールと技法，アウトプット

ト，サービス，または所産が一貫性を維持し，有効であり続けるように，プロジェクトの項目に関する情報が記録され更新される方法，またどの項目が記録され更新されるかを記述した計画書」[PMBOK]と定義されている。コンフィグレーションとは，構成や設定のことで，コンフィグレーション・マネジメントは，構成管理や設定管理と考えれば良い。例えば，システムや周辺機器などのソフトウェアやハードウェアの使用状況に応じて，環境を設定するときにコンフィグレーション（コンフィグ）と呼ぶことをご存じの読者も多いであろう。そのため，プロジェクトで生成されるプロダクトやサービス，所産を，機能や特性に基づいてマネジメントすることである。

　また，ツールと技法については，変更管理ツール（Change Control Tools）と意思決定について述べる。

　変更管理ツールは，「変更を手助けする手作業または自動化ツール，および，あるいはコンフィグレーション・マネジメント。」[PMBOK]である。このツールは，変更マネジメントとコンフィグレーション・マネジメントを促進す

るために用いられる。

　変更マネジメント活動では，変更の特定（プロセスまたはプロジェクト文書の変更項目），文書の変更（適切な変更要求に文書化），変更に関する決定（プロジェクト文書，成果物またはベースラインへの変更），変更の追跡（変更の登録，評価，承認，追跡を確認し最終結果をステークホルダーに通知）をサポートする必要がある。

　コンフィグレーション・マネジメント活動では，コンフィグレーション項目の特定，コンフィグレーション項目のステータスを記録・報告，コンフィグレーション項目の検証と監査を実施，をサポートする必要がある。

　意思決定は，複数の代替案の中から，実施のためにその一つを選択する過程のことであり，ここでは，投票（Vote），独裁的意思決定，多基準意思決定分析（Multi-criteria Decision Analysis）について述べる。

　投票は，集団意思決定技法であり，次のような方法で決定される。

- 満場一致（Unanimity）：全員が同意することを条件とする決定
- 過半数（Majority）：参加者の50%を超える支持による決定
- 相対多数（Plurality）：過半数に達しなくても，最大票数の意見による決定
- その他：投票権のある構成員の3分の2以上の出席による3分の2以上の賛成による決定など

　独裁（Dictatorship）的意思決定は，特定の一人がグループの意思を決定する。

　多基準意思決定分析は，「意思決定マトリックスを利用して系統的な分析手法を提供する技法。」[PMBOK]であり，複数の評価基準を用いて代替案を評価し，ランク付けを行う。

第 6 章 プロジェクト・スコープ・マネジメント

6.1 スコープ

　スコープは，（知力・研究・活動などの及ぶ）範囲のことである。プロジェクトマネジメントでは，要求から要件化された成果物とタスクの実行範囲として用いられる。つまり，「やりたいこと（要求）」から「やれること（要件）」を絞った成果物とタスクの実行範囲のことをスコープと呼んでいる。スコープを定めておくことによって，このプロジェクトで必要なアクティビティと，プロジェクトが提供する成果物が明確になるため，何をすれば良いのか，どこまですればよいのか，何を作れば良いのか，どこまで作れば良いのかが明らかとなる。そこで，これらに対応した2つのスコープを次のように呼んでいる。

① プロダクト・スコープ（Product Scope）

　「プロダクト，サービス，所産を特徴づけるフィーチャー（売り，目玉，特色）や機能」[PMBOK]のことである。

② プロジェクト・スコープ（Project Scope）

　「規定されたフィーチャーや機能を持つプロダクト，サービス，あるいは所産を生み出すために実行される作業」[PMBOK]のことである。

　スコープ・マネジメントでは，プロジェクト期間中，スコープを常に見直し，最新の状態に保つ活動を行わなければならない。

　プロジェクト・スコープ・マネジメント（Project Scope Management）は，「プロジェクトを成功裏に完了するために必要なすべての作業を，かつ必要な作業のみをプロジェクトが含むことを確実にするプロセスからなる。」[PMBOK]と定義されている。

本章で扱うプロジェクト・スコープ・マネジメントのプロセスは，

- スコープ・マネジメントの計画（Plan Scope Management）
- 要求事項の収集（Collect Requirements）
- スコープの定義（Define Scope）
- WBSの作成（Create WBS）
- スコープの妥当性確認（Validate Scope）
- スコープのコントロール（Control Scope）

の6つのプロセスとなる。

6.2 スコープ・マネジメントの計画

スコープ・マネジメントの計画のプロセスでは，図6-1のようなインプット，ツールと技法，アウトプットとなっている。

スコープ・マネジメントの計画は，「プロジェクトおよびプロダクト・スコープがどのように定義され，妥当性が確認され，コントロールされるかを文書化したスコープ・マネジメント計画書を作成するプロセス」[PMBOK]と定義されている。ここでは，プロジェクトを通してスコープがどのようにマネジメントされるかについてのガイダンスと方向性を提供する。

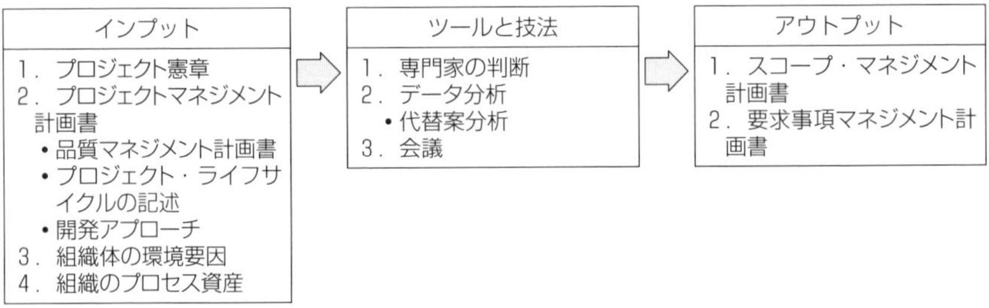

インプット	ツールと技法	アウトプット
1. プロジェクト憲章 2. プロジェクトマネジメント計画書 • 品質マネジメント計画書 • プロジェクト・ライフサイクルの記述 • 開発アプローチ 3. 組織体の環境要因 4. 組織のプロセス資産	1. 専門家の判断 2. データ分析 • 代替案分析 3. 会議	1. スコープ・マネジメント計画書 2. 要求事項マネジメント計画書

出典：PMBOKガイド第6版

図6-1 スコープ・マネジメントの計画：
インプット，ツールと技法，アウトプット

　インプットでは，品質マネジメント計画書があるが，これは第9章で述べる。また，プロジェクト・ライフサイクルの記述とあるが，プロジェクト・ライフサイクルについては，第3章で述べた通り，プロジェクトの開始から終了までにたどる一連のフェーズを決定し，記述することになる。そして，開発アプローチ（Development Approach）は，第3章で述べた予測型，反復型，適応型，アジャイル型，ハイブリッド型などの開発アプローチが使用されるかどうかを定義することである。

　アウトプットでは，スコープ・マネジメント計画書（Scope Management Plan）と要求事項マネジメント計画書（Requirements Management Plan）である。

　スコープ・マネジメント計画書は，「スコープの定義，作成，監視，コントロール，および妥当性確認の方法を記述したもの」［PMBOK］である。構成要素には，

- プロジェクト・スコープ記述書を準備するプロセス
- 詳細なプロジェクト・スコープ記述書からWBSの作成を可能にするプロセス
- スコープ・ベースラインを承認し保持する方法を確立するプロセス
- 完成したプロジェクト成果物の正式な受入方法を規定するプロセス

の事項が含まれる。

　要求事項マネジメント計画書は，「要求事項の分析，文書化，マネジメントのやり方を文書化した」［PMBOK］ものである。構成要素には，

- 要求事項に関する活動の計画，追跡，および報告の方法
- 変更の起案方法，影響の分析方法，変更の確認・追跡・報告などの方法，およびこれらの変更を承認するために必要な認可レベルなど，コンフィグレーション・マネジメントの活動
- 要求事項の優先順位づけプロセス
- 使用されるメトリックスおよびその使用理由
- どの要求事項の属性がトレーサビリティ・マトリックスに取り込まれるの

74

かを反映するトレーサビリティ構造
の事項が含まれる。

6.3 要求事項の収集

　要求事項の収集のプロセスでは，図6-2のようなインプット，ツールと技法，アウトプットとなっている。

　要求事項の収集は，「目標を達成するために，ステークホルダーのニーズや要求事項を決定し，文書化し，かつマネジメントするプロセス」[PMBOK]と定義されている。このプロセスの利点は，プロダクト・スコープとプロジェクト・スコープを定義する根拠を提供することにある。

インプット	ツールと技法	アウトプット
1．プロジェクト憲章 2．プロジェクトマネジメント計画書 ・スコープ・マネジメント計画書 ・要求事項マネジメント計画書 ・ステークホルダー・エンゲージメント計画書 2．プロジェクト文書 ・前提条件ログ ・教訓登録簿 ・ステークホルダー登録簿 4．ビジネス文書 ・ビジネスケース 5．合意書 6．組織体の環境要因 7．組織のプロセス資産	1．専門家の判断 2．データ収集 ・ブレーンストーミング ・インタビュー ・フォーカス・グループ ・アンケートと調査 ・ベンチマーキング 3．データ分析 ・文書分析 4．意思決定 ・投票 ・多基準意思決定分析 5．データ表現 ・親和図 ・マインド・マップ法 6．人間関係とチームに関するスキル ・ノミナル・グループ技法 ・観察と対話 ・ファシリテーション 7．コンテキスト・ダイアグラム 8．プロトタイプ	1．要求事項文書 2．要求事項トレーサビリティ・マトリックス

出典：PMBOKガイド第6版

図6-2　要求事項の収集：
インプット，ツールと技法，アウトプット

　インプットでは，ステークホルダー・エンゲージメント計画書があるが，これは第14章で述べる。

　ツールと技法として，まずベンチマーキング（Benchmarking）を取り上げる。ベンチマーキングは，元々靴を修理する職人が，修理の際に，客の足をベンチに載せて測定し，足の形をなぞってベンチにマークをつけたことからその名前がついた。これは，「実施中または計画中のプロジェクトの実務慣行，またはプロジェクトの品質標準を類似性の高いプロジェクトと比べることにより，ベストプラクティスの特定，改善策の策定，パフォーマンスの測定基準の設定を行うこと」[PMBOK]である。

　データ表現の親和図（Affinity Diagram），マインド・マップ（Mind-Mapping）法は，第9章において述べる。

　ノミナル・グループ技法（Nominal Group Technique）は，1970年代にデルベック（A.L Delbecq）とファン・デ・フェン（A.H. Van De Ven）の2人が開発したグループ討議の方法[24]で，次のように進める。

Ⅰ．質問や問題がグループ（6人から9人）に提起される。

Ⅱ．各自が独自にアイデアを書き出す。

Ⅲ．すべてのアイデアが記録されるまで，モデレーターがフリップチャート（Flip Chart）にアイデアを書き込む。

Ⅳ．グループメンバーが明確に理解するまで，記録された各アイデアが話し合われる（ラウンドロビン（Round-Robin）発表）。

Ⅴ．メンバー全員に投票用紙を渡す。

Ⅵ．各自，最も優先順位の高いアイデアを1位から5位まで選び，順位ごとに点数を決め（1位は5点，2位は4点，3位は3点など）投票を行う（Nominal Group Voting）。投票は数回行われることもある。スコアの最も高いアイデアが選択される。

　観察と対話は，「実際に置かれている環境において，個人とその人の作業実施方法やプロセスの実践方法を直接目で見る方法を提供する。」[PMBOK]ため，要求事項が明確に示されないような状況などで，役立つ方法である。

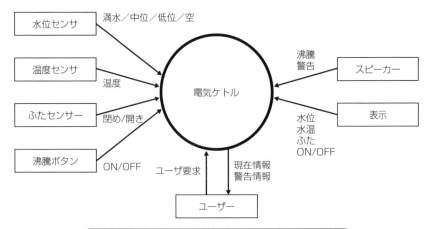

満水／中位／低位／空

水位センサ

温度センサ

温度

ふたセンサー

閉め/開き

沸騰ボタン

ON/OFF

電気ケトル

沸騰
警告

スピーカー

表示

水位
水温
ふた
ON/OFF

ユーザ要求

現在情報
警告情報

ユーザー

図6-3 電気ケトルのコンテキスト・ダイアグラム

コンテキスト・ダイアグラム（Context Diagrams）は，「ビジネス・システム（プロセス，装置，コンピュータ・システムなど）に対してユーザーや他のシステム（アクター）がどのように相互に作用するかを示すプロダクト・スコープの図解表現。」［PMBOK］である。**図6-3**にコンテキスト・ダイアグラムの作成例を示す。

プロトタイプ（Prototypes）は，「期待どおりのプロダクトを構築する前に，その実用モデルを提供することによって，要求事項に対するフィードバックを早い段階で得る手法。」［PMBOK］である。

アウトプットの要求事項文書では，

- ビジネス要求事項（Business Requirements）
- ステークホルダー要求事項（Stakeholder Requirements）
- ソリューション要求事項（Solution Requirements）：機能要求事項（Functional Requirements），非機能要求事項（Non-Functional Requirements）
- 移管および準備状況への要求事項
- プロジェクト要求事項（Project Requirements）
- 品質要求事項（Quality Requirements）

表6-1 要求事項トレーサビリティ・マトリックスの例

\	\	\	\	\	\	\	\	\
要求事項トレーサビリティ・マトリックス									

プロジェクト名：

コストセンター：

プロジェクトの記述：

ID	アソシエイトID	要求事項の記述	ビジネス・ニーズ,好機, 目的および目標	プロジェクト目標	WBS成果物	プロダクト設計	プロダクト開発	テストケース
001	1.0							
	1.1							
	1.2							
	1.2.1							
002	2.0							
	2.1							
	2.1.1							
003	3.0							
	3.1							
	3.2							
004	4.0							
005	5.0							

出典：PMBOKガイド第6版

などの事項が含まれる。

　また，要求事項トレーサビリティ・マトリックスは，各要求事項をビジネス目標およびプロジェクト目標に結びつけ，事業価値の実現に役立たせることができる。**表6-1**に要求事項トレーサビリティ・マトリックスの例を示す。

6.4　スコープの定義

　スコープの定義のプロセスでは，**図6-4**のようなインプット，ツールと技法，アウトプットとなっている。

　スコープの定義は，「プロジェクトおよびプロダクトに関する詳細な記述書を作成するプロセス」[PMBOK]と定義されている。

　ツールと技法にあるプロダクト分析（Product Analysis）は，ハイレベルのプロダクトまたはサービスの記述を意味のある成果物に変換する分析手法であり，

出典：PMBOKガイド第6版

図6-4 スコープの定義：
インプット，ツールと技法，アウトプット

プロダクト・ブレークダウン（Product Breakdown），要求事項分析，システム分析（Systems Analysis），システムズエンジニアリング（Systems Engineering），価値分析（Value Analysis），価値工学（Value Engineering）などの技法がある。

　アウトプットのプロジェクト・スコープ記述書（Product Scope Description）は，「プロジェクト・スコープ，主要な成果物，前提条件，および制約条件を記述した」[PMBOK]文書のことである。

　詳細なプロジェクト・スコープ記述書には，

- プロジェクト・スコープの記述（段階的に詳細化）
- プロジェクト成果物
- 受入基準
- プロジェクトからの除外事項

が含まれる。

6.5 WBSの作成

　WBS（Work Breakdown Structure）の作成のプロセスでは，図6-5のようなインプット，ツールと技法，アウトプットとなっている。

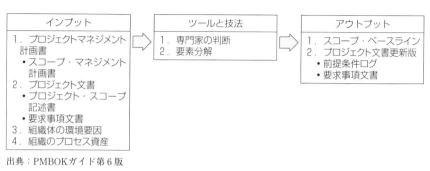

出典：PMBOKガイド第6版

図6-5　WBSの作成：
　　　　インプット，ツールと技法，アウトプット

　WBSの作成は，「プロジェクトの成果物およびプロジェクトの作業をより細かく，マネジメントしやすい構成要素に分解するプロセス」[PMBOK]と定義されている。WBSの作成では，何を完了すべきであるかという枠組みを提供する。

　また，WBSは，「プロジェクト目標を達成し必要な成果物を生成するために，プロジェクト・チームが実施する作業の全範囲を階層的に要素分解したものである。」[PMBOK]

　ツールと技法にある要素分解（Decomposition）は，プロジェクト作業全体のワーク・パッケージへの要素分解を行う方法で，ワーク・パッケージの詳細さのレベルは，プロジェクトの規模と複雑さによって異なるが，スケジュールやコストなどの見積りが可能な，マネジメントしやすい要素になればよい。

　WBSの例を図6-6に示す。

　また，フェーズを基本としたWBSを図6-7に示す。

　さらに，主要な成果物を主体にしたWBSを図6-8に示す。

　なお，WBSの最下位層をワーク・パッケージ（Work Package）と呼ぶが，ワーク・パッケージをより小さくマネジメントしやすい単位に分解したものをアクティビティと呼ぶ。つまり，アクティビティは，プロジェクトの各種プロセスにおいて，実行する作業の一要素で，見積り，監視・コントロールを行う

80

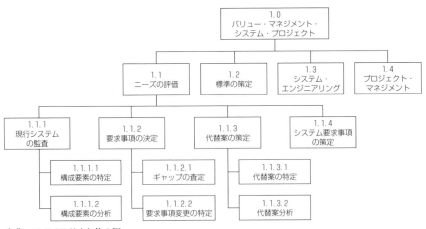

出典：PMBOKガイド第6版

（図6-6）バリュー・マネジメント・システム・プロジェクト例

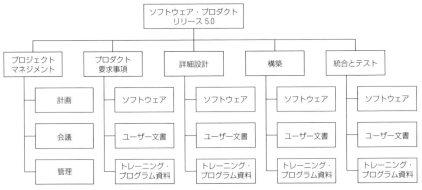

出典：PMBOKガイド第6版

（図6-7）ソフトウェア・プロダクト（リリース5.0）例

際のベースとなるものである。

　アウトプットにあるスコープ・ベースラインは，「スコープ記述書，WBS，および関連するWBS辞書を組み合わせた承認済み版であり，変更は常に正式の変更管理上の手続きを通して行われる。」［PMBOK］

　スコープ・ベースラインの構成要素は，

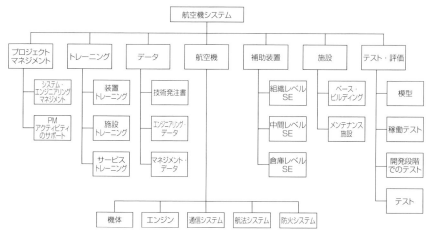

出典：PMBOKガイド第6版

図6-8 航空機システム例

- プロジェクト・スコープ記述書
- WBS
- ワーク・パッケージ
- 計画中のパッケージ

が含まれる。

　なお，WBS辞書（WBS Dictionary）とは，「WBSの各構成要素に関する詳細な成果物，アクティビティ，およびスケジュール情報を含む文書」［PMBOK］であり，WBS識別コード，作業の記述，前提条件と制約条件，担当組織，スケジュール・マイルストーン，関連するスケジュール・アクティビティ，必要な資源，コスト見積り，品質要求事項，受入基準，技術的参照資料，合意情報などが含まれる。

6.6 スコープの妥当性確認

　スコープの妥当性確認のプロセスでは，**図6-9**のようなインプット，ツー

82

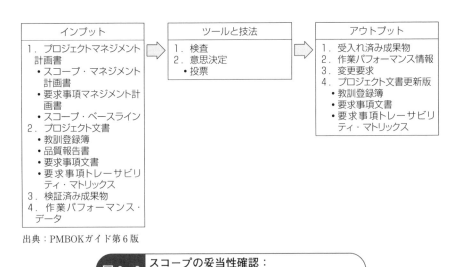

出典：PMBOKガイド第6版

図6-9 スコープの妥当性確認：
インプット，ツールと技法，アウトプット

ルと技法，アウトプットとなっている。

　スコープの妥当性確認は，「完成したプロジェクトの成果物を正式に受け入れるプロセス」［PMBOK］と定義されている。

　インプットの検証済み成果物（Verified Deliverables）は，「品質コントロール・プロセスにより正しさの確認と承認がなされ，完了したプロジェクト成果物。」［PMBOK］のことである。なお，品質コントロール・プロセスは，第9章4節で述べる。ツールと技法にある検査も第9章で述べる。

　アウトプットの受入れ済み成果物（Accepted Deliverables）は，「プロジェクトが生産するプロダクト，所産，または能力で，プロジェクトの顧客やスポンサーが指定する受入基準を満たしていると認められたもの。」［PMBOK］のことである。

6.7 スコープのコントロール

　スコープのコントロールのプロセスでは，**図6-10**のようなインプット，

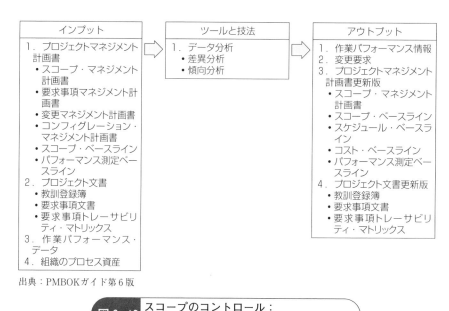

インプット	ツールと技法	アウトプット
1．プロジェクトマネジメント計画書 　•スコープ・マネジメント計画書 　•要求事項マネジメント計画書 　•変更マネジメント計画書 　•コンフィグレーション・マネジメント計画書 　•スコープ・ベースライン 　•パフォーマンス測定ベースライン 2．プロジェクト文書 　•教訓登録簿 　•要求事項文書 　•要求事項トレーサビリティ・マトリックス 3．作業パフォーマンス・データ 4．組織のプロセス資産	1．データ分析 　•差異分析 　•傾向分析	1．作業パフォーマンス情報 2．変更要求 3．プロジェクトマネジメント計画書更新版 　•スコープ・マネジメント計画書 　•スコープ・ベースライン 　•スケジュール・ベースライン 　•コスト・ベースライン 　•パフォーマンス測定ベースライン 4．プロジェクト文書更新版 　•教訓登録簿 　•要求事項文書 　•要求事項トレーサビリティ・マトリックス

出典：PMBOKガイド第6版

図6-10　スコープのコントロール：インプット，ツールと技法，アウトプット

ツールと技法，アウトプットとなっている。

　スコープのコントロールは，「プロジェクト・スコープとプロダクト・スコープの状況を監視し，スコープ・ベースラインへの変更をマネジメントするプロセス」[PMBOK]と定義されている。スコープのコントロールを行うことで，すべての要求事項，提案された是正処置や予防処置が，確実に統合変更管理プロセスを通して処理されるようにする。

　インプットのパフォーマンス測定ベースライン（PMB：Performance Measurement Baseline）は，「パフォーマンスを測定しマネジメントするためにそれに照らしてプロジェクトの実行が比較される，プロジェクト作業のためにスコープ，スケジュール，コストの計画を統合したベースライン。」[PMBOK]のことである。

　ツールと技法の差異分析（計画と実行の差），傾向分析（過去の結果から将来の傾向を予測）は，第5章で述べたが，再度第8章でも述べるため，ここでは省

略する。

　アウトプットのスケジュール・ベースラインは，第7章で，コスト・ベースラインは，第8章で述べる。

演習　　次の中から1つプロジェクトを選びWBSを作成せよ。
①ゼミ旅行プロジェクト
　　目的：ゼミ生20名で2泊3日のゼミ旅行をし，ゼミ生間の結束
　　　　　を固める
②BBQプロジェクト
　　目的：職場の同僚15名で日帰りのBBQを行い，同僚間の親睦
　　　　　を深める
③ホームパーティープロジェクト
　　目的：友人10名を自宅に招待し，サンドイッチを振る舞い，交
　　　　　流を深める
④就職先内定プロジェクト
　　目的：就職活動を計画的に行い希望の企業から内定を得る

※第7章以降を，ここで選択した演習問題のWBSを元に取り組むと理
　解しやすくなる。

第 7 章

プロジェクト・スケジュール・マネジメント

7.1 プロジェクト・スケジュール・マネジメント

プロジェクト・スケジュール・マネジメント（Project Schedule Management）は，「プロジェクトを所定の時期に完了するようにマネジメントする上で，必要なプロセスからなる。」[PMBOK]と定義されている。

プロジェクト・スケジュール・マネジメントのプロセスは，

- スケジュール・マネジメントの計画（Plan Schedule Management）
- アクティビティの定義（Define Activities）
- アクティビティの順序設定（Sequence Activities）
- アクティビティ所要期間の見積り（Estimate Activity Durations）
- スケジュールの作成（Develop Schedule）

の5つのプロセスとなる。

7.2 スケジュール・マネジメントの計画

スケジュール・マネジメントの計画のプロセスでは，図7-1のようなインプット，ツールと技法，アウトプットとなっている。

スケジュール・マネジメントの計画は，「プロジェクト・スケジュールを計画し，策定し，マネジメントし，実行し，およびコントロールするための方針，手続き，および文書化を確立するプロセス」[PMBOK]と定義されている。

アウトプットであるスケジュール・マネジメント計画書（Schedule Management Plan）は，「スケジュールの作成，監視，およびコントロールに必要な基

86

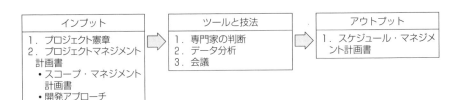

出典：PMBOKガイド第6版

図7-1 スケジュール・マネジメントの計画：
インプット，ツールと技法，アウトプット

準と活動を規定する。」[PMBOK]ものである。スケジュール・マネジメント計画書では，

- プロジェクト・スケジュール・モデルの作成
- リリース（Release）とイテレーション（Iteration）の期間
- 正確さのレベル
- 測定単位
- 組織の手続きとの結びつき
- プロジェクト・スケジュール・モデルの維持
- コントロールしきい値
- パフォーマンス測定値の規則
- 報告書式

の内容が確定される。

7.3 アクティビティの定義

アクティビティの定義のプロセスでは，図7-2のようなインプット，ツールと技法，アウトプットとなっている。

アクティビティの定義は，「プロジェクト成果物を生成するために遂行すべき具体的な行動を特定し，文書化するプロセス」[PMBOK]と定義されている。

出典：PMBOKガイド第 6 版

図 7-2　アクティビティの定義：
インプット，ツールと技法，アウトプット

　第 6 章で作成したWBSを元にすれば，ワーク・パッケージを具体的に行う作業に分解したものがアクティビティとなる。

　さて，ツールと技法におけるローリング・ウェーブ計画法（Rolling Wave Planning）は，「反復計画技法の 1 つで，早期に完了しなければならない作業は詳細に，将来の作業はより上位のレベルで計画する。」［PMBOK］という技法である。つまり，プロジェクトの前半など，スタートして間もなく取りかからなければならない作業については詳細に検討し，プロジェクトの後半で取り組むような作業については，大まかなところで計画しても構わないということである。

　アウトプットのアクティビティ・リスト（Activity List）は，「スケジュール・アクティビティを表にした文書。」［PMBOK］であり，アクティビティ記述，アクティビティ識別子，およびプロジェクト・チーム・メンバーが行うべき詳細な作業範囲を表示している。

　アクティビティ属性（Activity Attributes）は，「個々のスケジュールにある複数の属性で，アクティビティ・リストに収めるべき属性。」［PMBOK］であり，アクティビティ・コード，先行アクティビティ，後続アクティビティ，論理的順序関係，リードとラグ，資源要求事項，指定日，制約条件，前提条件などが含まれる。

　マイルストーン・リスト（Milestone List）のマイルストーンは，道しるべ，のことで，元々1マイル（≒1609m）ごとに置かれたストーン（石）を頼りにゴールへと進むために用いられ，そこからプロジェクトにおいて重要な意味を持つ時点やイベントに対して使用されるようになった。つまり，プロジェクト成功というゴールに向けて，チェックポイントを設け，目標設定通りにプロジェクトが進められているかを確認しながら進めていくために用いられる。

　マイルストーン・リストは，「すべてのプロジェクトのマイルストーンを特定し，それらが契約の必要性からマイルストーンを守ることが必須であるか，それとも過去の情報に基づいた任意のものであるかを示す。」［PMBOK］ものである。なお，所要期間は，ゼロとなる。

　表7-1のように，主要な成果物に関する予定開始日や予定終了日，および外部との重要なインターフェイスについて示した表をマイルストーン・チャート（Milestone Chart）と呼ぶ。マイルストーン・チャートが示されることで，プロジェクトのゴールに向かうための中間目標地点がいつであるかが明確になるとともに，どこまで進んでいるかをチェックするためのポイントにもなる。

　アウトプットのスケジュール・ベースラインは，「承認済みのスケジュール・モデルで，変更は必ず正式な変更管理上の手続きを通して行われ，実績値と比較する基準として用いられる。」［PMBOK］ものである。コスト・ベースラインについては，第8章で述べる。

表7-1　マイルストーン・チャート

	4月	5月	6月	7月
要件定義	◆4/8			
基本設計		◆5/14		
詳細設計			◆6/26	
製　造				◆7/29

7.4 アクティビティの順序設定

　アクティビティの順序設定のプロセスでは，**図7-3**のようなインプット，ツールと技法，アウトプットとなっている。

　アクティビティの順序設定は，「プロジェクト・アクティビティ間の関係を特定し，文書化するプロセス」［PMBOK］と定義されている。

　ツールと技法として，プレシデンス・ダイアグラム法，依存関係の決定と統合，リードとラグについて述べる。

　プレシデンス・ダイアグラム法（PDM：Precedence Diagramming Method）は，「スケジュール・モデルを構築するための技法の1つで，アクティビティをノードで表記したものである。」［PMBOK］

　PDMには，次の4種類の依存関係（Dependency）あるいは論理的順序関係（Logical Relationship）がある。

終了─開始関係（FS）　| アクティビティ A | ⟶ | アクティビティ B |

インプット	ツールと技法	アウトプット
1. プロジェクトマネジメント計画書 　・スケジュール・マネジメント計画書 　・スコープ・ベースライン 2. プロジェクト文書 　・アクティビティ属性 　・アクティビティ・リスト 　・前提条件ログ 　・マイルストーン・リスト 3. 組織体の環境要因 4. 組織のプロセス資産	1. プレシデンス・ダイアグラム法 2. 依存関係の決定と統合 3. リードとラグ 4. プロジェクトマネジメント情報システム	1. プロジェクト・スケジュール・ネットワーク図 2. プロジェクト文書更新版 　・アクティビティ属性 　・アクティビティ・リスト 　・前提条件ログ 　・マイルストーン・リスト

出典：PMBOKガイド第6版

図7-3　アクティビティの順序設定：インプット，ツールと技法，アウトプット

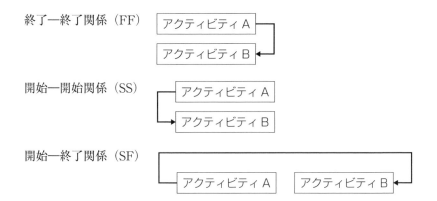

終了―終了関係（FF）

開始―開始関係（SS）

開始―終了関係（SF）

　依存関係の決定と統合であるが，依存関係は，強制と任意，内部と外部といった属性によって特徴付けられ，次のような4つの関係で構成されている。

- 強制依存関係（Mandatory Dependency）（ハード・ロジック）

　　法的あるいは契約で要求されているなど，順序関係が必ず定まっている関係のことである。

- 任意依存関係（Discretionary Dependency）（ソフト・ロジック，優先ロジック，選好ロジック）

　　ベストプラクティスを参考にしたり，状況をみて判断したりするなど，チームが任意に依存関係を決定できる関係のことである。

- 外部依存関係（External Dependency）

　　チームのコントロール外など，外部で行われる作業に依存している関係のことである。

- 内部依存関係（Internal Dependency）

　　チームのコントロール下におかれる依存関係のことである。機械を組み立てるまでテストできないなどがあてはまる。

　次に，リード（Lead）とラグ（Lag）であるが，リードは，「関係する先行アクティビティに対して，後続アクティビティの開始を前倒しできる時間。」[PMBOK]のことであり，ラグは，「関係する先行アクティビティに対して，

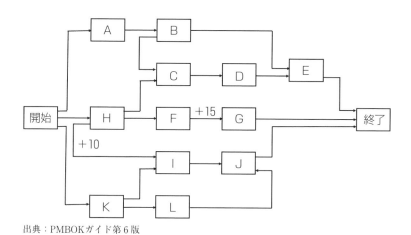

出典：PMBOKガイド第6版

図7-4　プロジェクト・スケジュール・ネットワーク図の例

後続アクティビティの開始を遅らせる時間。」[PMBOK]のことである。なお，リードとラグは，次節で述べる所要期間の見積りには含まれない。

　アウトプットのプロジェクト・スケジュール・ネットワーク図（Project Schedule Network Diagram）の例として，アクティビティ A～Lに対して，PDMを用い，依存関係を考慮し，10日のラグを+10，15日のラグを+15で示したものが**図7-4**である。

7.5　アクティビティ所要期間の見積り

　アクティビティ所要期間の見積りのプロセスでは，**図7-5**のようなインプット，ツールと技法，アウトプットとなっている。

　アクティビティ所要期間の見積りは，「想定した資源をもって個々のアクティビティを完了するために必要な作業時間を見積もるプロセス。」[PMBOK]と定義されている。

　ツールと技法としては，類推見積り，パラメトリック見積り，三点見積り，ボトムアップ見積りを取りあげ，データ分析として予備設定分析について述べ

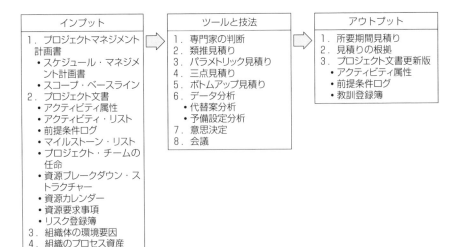

出典：PMBOKガイド第6版

図7-5　アクティビティ所要期間の見積り：
　　　　インプット，ツールと技法，アウトプット

る。

　類推見積り（Analogous Estimating）は，「類似のアクティビティやプロジェクトにおける過去のデータを使って，アクティビティやプロジェクトの所要期間またはコストを見積もる技法。」［PMBOK］のことである。

　パラメトリック見積り（Parametric Estimating）は，「過去のデータやプロジェクトのパラメーターに基づいてコストや所要期間を算出するためにアルゴリズムを使う見積り技法。」［PMBOK］のことである。

　三点見積り（Three-Point Estimating）は，「個々のアクティビティ見積りが不確実な場合に，楽観値，非観値，最頻値の見積り，または加重平均を適用してコストまたは所要期間を見積もる技法。」［PMBOK］のことである。

　三点見積りにおける最頻値（Most Likely）をtM，楽観値（Optimistic）をtO，非観値（Pessimistic）をtPとした場合，所要期間期待値をtEとすれば，母集団が三角分布（Triangular Distribution）に従うとき，

$$tE = (tM + tO + tP) \div 3 \qquad (三角分布)$$

また，母集団がベータ分布（Beta Distribution）に従うとき，

$$tE = (4 \times tM + tO + tP) \div 6 \qquad (ベータ分布)$$

となる。

　ボトムアップ見積り（Bottom-Up Estimating）は，「WBSの下位レベル構成要素単位の見積りを集計してプロジェクトの所要期間やコストを見積もる技法。」[PMBOK]のことである。

　予備設定分析（Reserve Analysis）は，「プロジェクトのスケジュール所要期間，予算，コスト見積り，または資金のために予備を決めるために適用される。」[PMBOK]分析技法である。

　アウトプットの所要期間見積りは，「アクティビティ，フェーズ，またはプロジェクトを完了するために必要な期間の見込み数値を定量的に評価したものである。」[PMBOK]

7.6　スケジュールの作成

　スケジュールの作成のプロセスでは，**図7-6**のようなインプット，ツールと技法，アウトプットとなっている。

　スケジュールの作成は，「プロジェクトの実行と監視・コントロールのために，スケジュール・モデルを作成し，アクティビティ順序，所要期間，資源への要求事項，スケジュールの制約条件などを分析するプロセス」[PMBOK]と定義されている。

　ツールと技法として，スケジュール・ネットワーク分析，クリティカル・パス法，資源最適化，データ分析のWhat-ifシナリオ分析およびシミュレーション，スケジュール短縮，アジャイルのリリース計画について述べる。

　スケジュール・ネットワーク分析（Schedule Network Analysis）は，「プロ

インプット	ツールと技法	アウトプット
1. プロジェクトマネジメント計画書 ・スケジュール・マネジメント計画書 ・スコープ・ベースライン 2. プロジェクト文書 ・アクティビティ属性 ・アクティビティ・リスト ・前提条件ログ ・見積りの根拠 ・所要期間見積り ・教訓登録簿 ・マイルストーン・リスト ・プロジェクト・スケジュール・ネットワーク図 ・プロジェクト・チームの任命 ・資源カレンダー ・資源要求事項 ・リスク登録簿 3. 合意書 4. 組織体の環境要因 5. 組織のプロセス資産	1. スケジュール・ネットワーク分析 2. クリティカル・パス法 3. 資源最適化 4. データ分析 ・What-ifシナリオ分析 ・シミュレーション 5. リードとラグ 6. スケジュール短縮 7. プロジェクトマネジメント情報システム 8. アジャイルのリリース計画	1. スケジュール・ベースライン 2. プロジェクト・スケジュール 3. スケジュール・データ 4. プロジェクト・カレンダー 5. 変更要求 6. プロジェクトマネジメント計画書更新版 ・スケジュール・マネジメント計画書 ・コスト・ベースライン 7. プロジェクト文書更新版 ・アクティビティ属性 ・前提条件ログ ・所要期間見積り ・教訓登録簿 ・資源要求事項 ・リスク登録簿

出典：PMBOKガイド第6版

図7-6 スケジュールの作成：
インプット，ツールと技法，アウトプット

ジェクト・スケジュール・モデルを作成するのに使用される包括的な技法である。」[PMBOK]

それには，アロー・ダイアグラム法（ADM：Arrow Diagramming Method），PDMなどがある。

ここでは，例を用いて，ADMについて考えてみる。

例：昼食にインスタントカップ麺を購入して食べる。これをカップ麺プロジェクトと呼んでおく。

図7-7のWBSを基にして作成した，カップ麺プロジェクトのアクティビティ・リストを**表7-1**に示す。

表7-1から，**図7-8**のようなガント・チャート（Gantt Chart）を作成することができる。ガント・チャートは，「縦軸にアクティビティをリストアップし，横軸に日づけを示したスケジュール情報のバー・チャート。」[PMBOK]

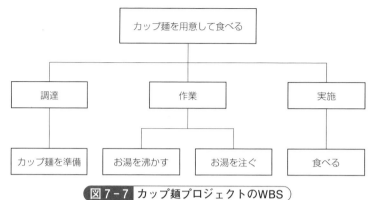

図7-7　カップ麺プロジェクトのWBS

表7-1　カップ麺プロジェクトのアクティビティ・リスト

	作業	作業内容（アクティビティ）	作業時間	先行作業
カップ麺を準備	A	コンビニで調達	15分	－
お湯を沸かす	B	ポットに水を入れる	1分	A
	C	ポットを温める	2分	B
お湯を注ぐ	D	カップ麺のふたをあけ具材を入れる	1分	A
	E	カップ麺にお湯を注ぎふたをする	1分	C，D
食べる	F	3分待つ	3分	E
	G	ふたを開けて食べる	5分	F

	作業	作業内容	作業時間	先行作業	1	2	3	4	5	6	7	8	9	10	11	12	13	14	15	16	17	18	19	20	21	22	23	24	25	26	27
カップ麺を準備	A	コンビニで調達	15分	－																											
お湯を沸かす	B	ポットに水を入れる	1分	A																											
	C	ポットを温める	2分	B																											
お湯を注ぐ	D	カップ麺のふたをあけ具材を入れる	1分	A																											
	E	カップ麺にお湯を注ぎふたをする	1分	C，D																											
食べる	F	3分待つ	3分	E																											
	G	ふたを開けて食べる	5分	F																											

図7-8　カップ麺プロジェクトのガント・チャート

のことで，アクティビティの所要期間をバーで表現している。

　さて，表7-1から，ADMを作成するために必要な情報のみを抽出したものが，表7-2である。

　ADMでは，個々のアクティビティ（作業）を矢線で示している。矢線には，作業を完成するのに必要な日数（時間）などを記す。この矢線をアローまたは

表7-2 作業時間と先行作業

アクティビティ	作業時間	先行アクティビティ
A	15分	―
B	1分	A
C	2分	B
D	1分	A
E	1分	C, D
F	3分	E
G	5分	F

アクティビティと呼び，矢線は，丸い結合点と丸い結合点を結ぶことでネットワーク図を構成している。この丸い結合点は，節，ノード，イベントと呼ばれている。結合点自体は何も表していないが，先行アクティビティや後続アクティビティの関係を表現しており，先行アクティビティの矢線が結合点に入り，その結合点から後続アクティビティの矢線が出ることになる。これは，先行アクティビティが終わらないと，後続アクティビティが開始できないことを意味している。すなわち，ある結合点から出ている矢線は，その結合点に入ってきているすべての矢線（アクティビティ）が終了しないと開始することができない。

　なお，ADMでは，実際には存在しないダミーアクティビティが必要な場合もある。ダミーアクティビティは，点線で表す。また，アロー・ダイアグラムの結合点内の番号は，すべてのアクティビティに対して，矢線の始点の番号＜矢線の終点の番号となるようにつける方がよい。

　表7-2から作成されたADMが**図7-9**である。

　図7-9において，各結合点に隣接して上下2段の箱を描き，上段に最早結合点時刻E_iを，下段には最遅結合点時刻L_iを記入する。最早結合点時刻は，結合点に入ってくるアクティビティがすべて完了し，出ていくアクティビティが開始できる状態になる最初の時刻のことで，次式のように計算される。

$$E_1=0, \quad E_i=\max\{E_k+T_{ki}\} \quad (i=2,3,\cdots,n)$$

　ここで，$(k,i) \in P$は，プロジェクトPに属し，i番目の結合点に入ってくる

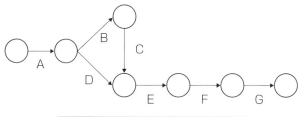

すべてのアクティビティを表す。nは終点の結合点番号，すなわち結合点の個数を表す。T_{ki}は，結合点kから結合点iを結ぶアクティビティの所要期間（作業時間）である。

E_iは，結合点 1 から結合点iへの最長経路長（作業時間の合計の最大値）にもなっている。上段の箱をすべて埋めることができれば，E_nの値がこのプロジェクトの完了日（時間）となる。

最遅結合点時刻は，プロジェクトが予定通り完了するために，結合点に入ってくるアクティビティがすべて完了し，出ていく作業を開始することが許される最も遅い時刻のことで，$T = E_n \ (= L_n)$として，次式のように計算される。

$$L_n = T, \quad L_i = \min\{L_k - T_{ik}\} \quad (i = n-1, n-2, \cdots, 2, 1)$$

ここで，$(i, k) \in P$は，プロジェクトPに属し，i番目の結合点から出るすべてのアクティビティを表す。また，L_iは，結合点iから結合点nへの最長経路長をTから引いた値に等しい。T_{ik}は，結合点iから結合点kを結ぶアクティビティの所要期間（作業時間）である。

最早結合点時刻と最遅結合点時刻の記入方法は，次のとおりである。

まず，$E_1 = 0$から始めてE_2，E_3，$\cdots$，E_nの順で記入して行き，E_nにたどり着いたら$L_n = E_n = T$とおいて，次にL_n，L_{n-1}，$\cdots$，L_1と戻ってくる。最後に$L_1 = E_1 = 0$となって終わる。

このとき，作業時間の合計が最大になる経路のことをクリティカル・パス（Critical Path）または，臨界路と呼ぶ。$T = E_n$がこのプロジェクトの最短所要日

98

数であり，プロジェクトをこのT日以内に完了するためには，クリティカル・パス上のアクティビティ（これをクリティカル作業と呼ぶ）には時間的余裕がまったくなく，遅延が許されない。したがって，クリティカル・パス上のすべての結合点では，E_iとL_iが等しくなっている。クリティカル・パスは，アロー・ダイアグラムの矢線を太くして示される。

カップ麺プロジェクトのクリティカル・パスは，図7-10のようになる。

図7-10から，アクティビティDは，クリティカル・パス上のアクティビティではないので余裕時間があることがわかる。そこで，図7-8を見ると，アクティビティBとアクティビティDは同時に行っている作業であるが，ポットに水を入れながらカップ麺のふたをあけて具材を入れるには無理があることがわかる。しかし，ポットに水を入れて温めている時間にカップ麺のふたをあけて具材を入れてもプロジェクトの終了時間に影響を与えないで済むことから，図7-11のような修正ガント・チャート（アクティビティDの移動）を作成することができる。

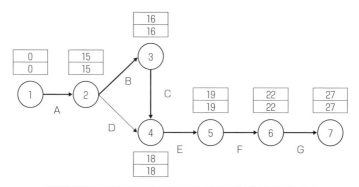

図7-10 カップ麺プロジェクトのクリティカル・パス

図7-11 カップ麺プロジェクトの修正ガント・チャート

演習 **1**　次のアクティビティ・リストで表されるプロジェクト・ネットワーク図を，ADMを用いて作成し，クリティカル・パスを求めよ。

アクティビティ	作業時間（日）	先行アクティビティ
A	2	—
B	4	—
C	2	A
D	3	A
E	4	B，C
F	2	C
G	6	E

2　第6章で選択したプロジェクトのアクティビティ・リストを作成して，プロジェクト・ネットワーク図を，ADMを用いて作成し，クリティカル・パスを求めよ。

クリティカル・パス法（CPM：Critical Path Method）は，「プロジェクトの最短所要期間を見積り，スケジュール・モデル内で論理ネットワーク・パスに

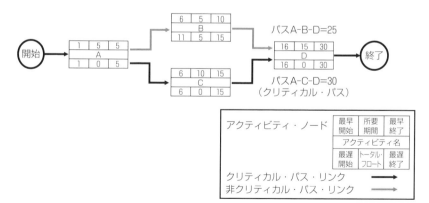

出典：PMBOKガイド第6版

図7-12 CPMの例

おけるスケジュールの柔軟性を判定するために用いる手法。」[PMBOK]であり，**図7-12**のようになる。

　クリティカル・パスを使用したプロジェクト・スケジューリングは，1950年代後半にほぼ同時に開始された。先に述べたADMは，パート（PERT：Program Evaluation and Review Technique）と呼ばれ，アメリカ海軍によって，またCPMは，アメリカのデュポン社（E. I. du Pont de Nemours and Company）によって提案された。

　資源最適化（Resource Optimization）は，「アクティビティの開始日と終了日を調整し，計画された資源の使用量を資源の可用性以下に調整するのに使用される」[PMBOK]

　資源最適化技法（Resource Optimization Technique）としては，資源平準化（Resource Leveling）と資源円滑化（Resource Smoothing）がある。資源平準化は，「資源の需要と供給のバランスを保つ目的で，資源の制約条件に基づき開始日と終了日を調整する技法。」[PMBOK]であり，資源円滑化は，「プロジェクト資源の要求量が所定の上限を超えないように，スケジュール・モデルのアクティビティを調整する技法。」[PMBOK]である。資源円滑化では，クリティカル・パスを変更することも完了日を変更することもないが，資源平準化は，クリティカル・パスが変更される可能性がある。

　図7-13のような場合は，アクティビティAとアクティビティBに人的資源のスー氏が同時に作業を行わなければならない状況が発生している。そこで，資源平準化を行えば，**図7-14**のように，スー氏が同時に作業を行うという状況を回避できる。

　What-ifシナリオ分析（What-If Scenario Analysis）は，「プロジェクト目標に与える肯定的または否定的な影響を予測するために複数のシナリオを評価するプロセスである。」[PMBOK]

　つまり，もしシナリオXが発生したらどうなるか，を分析することで，好ましい条件の下，あるいは好ましくない条件の下で，プロジェクトの実行可能性を評価したり，影響を軽減したりするためのプランを策定する。

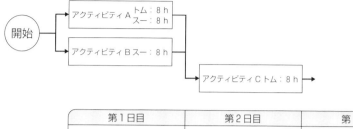

第1日目	第2日目	第3日目
トム：8 h スー：16 h	トム：8 h	

出典：PMBOKガイド第6版

図7-13　資源平滑化前のアクティビティ例

第1日目	第2日目	第3日目
トム：8 h スー：16 h	スー：8 h	トム：8 h

出典：PMBOKガイド第6版

図7-14　資源平滑化後のアクティビティ例

　シミュレーション（Simulation）は，「個別のプロジェクト・リスクと不確実性の他の要因の複合的な影響をモデル化して，プロジェクト目標を達成することへの潜在的な影響を評価する。」［PMBOK］ために用いられる。最も一般的なシミュレーション法は，モンテカルロ・シミュレーション（Monte Carlo Simulation）である。名前の由来は，モナコ（Monaco）公国にある賭博で有名なモンテカルロ市である。

　スケジュール短縮（Schedule Compression）は，「スケジュールの制約条件，指定日やその他のスケジュールに関する目標を満たすために，プロジェクト・

スコープを縮小することなく，スケジュールの所要期間を短縮または加速させるために用いる。」[PMBOK]

　これには，クリティカル・パスを活用することができる。クリティカル・パスは，プロジェクトを終了予定日に完成させるために，遅延の許されないアクティビティを辿る経路である。このアクティビティの時間を短縮することができれば，プロジェクト終了予定日も短縮されることになる。したがって，クリティカル・パス上のアクティビティを短縮させるための方法として，クラッシング（Crashing）とファスト・トラッキング（Fast Tracking）がある。

　クラッシングは，「資源を追加することにより，コストの増大を最小限に抑えスケジュールの所要期間を短縮する技法。」[PMBOK]である。つまり，人や装置などの新たな資源を追加することで，アクティビティの所要期間の短縮を図る方法である。しかし，必ずしも良い結果を生むとは限らず，リスクやコスト，あるいは両方の増加を招く場合がある。

　ファスト・トラッキングは，「通常は順番に実施されるアクティビティやフェーズを並行して遂行するスケジュール短縮技法。」[PMBOK]である。つまり，1つのアクティビティを2つに分けて同時に行うことで，所要期間を短縮する方法である。しかし，手直しやリスク増大を招く場合がある。

　アジャイルのリリース計画は，「プロダクトの進展のためのプロダクト・ロードマップ（Road Map）とプロダクト・ビジョン（Product Vision）に基づいて，リリース・スケジュールのハイレベルの要約タイムライン（通常は3〜6か月）を提示する。」[PMBOK]ことである。

　プロダクト・ビジョン，プロダクト・ロードマップ，リリース計画，およびイテレーション計画の関係を図7-15に示す。

　時系列的に比較するために，ソフトウェア開発におけるウォーターフォール開発を図7-16に，アジャイル開発を図7-17に示す。

　ウォーターフォール型開発では，顧客の要求は，事前に詳細に明確になるという前提のもとで，時間をかけてスコープを詳細に定義し，それをベースにしてWBSを作成し，リリースに向けて，計画，設計，実装，テストを行う。

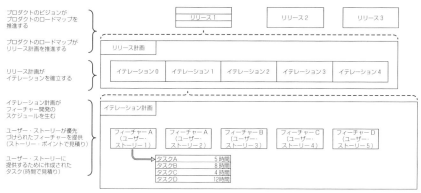

出典：PMBOKガイド第6版

図7-15 プロダクト・ビジョン，プロダクト・ロードマップ，リリース計画，およびイテレーション計画の関係

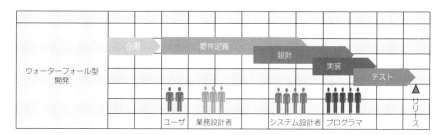

図7-16 ウォーターフォール開発

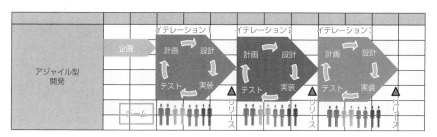

図7-17 アジャイル開発

　アジャイル型開発では，顧客の要求は，事前にはすべての要求が詳細にならないこと，プロジェクト開始後も環境の変化や顧客の気づきなどで，要求は変更されることを前提にし，プロジェクト全体を管理するリリース計画と，1〜4週間単位のイテレーション（反復，繰り返し）を管理するイテレーション計画をたてる。リリース計画では，具体的なタスクにまでは踏み込まず，ストーリー（顧客の要求の抽出）単位で大まかに作業見積りを行う。詳細な作業分担や計画などはイテレーション計画の時にチームで決めて実施する。そして，最初の確定事項に対するリリースに向けて，計画，設計，実装，テストを経て，リリースを行い，次のリリースに向けて，計画，設計，実装，テストを行っていく。

　アウトプットのプロジェクト・スケジュール（Project Schedule），スケジュール・データ（Schedule Data），プロジェクト・カレンダー（Project Calendar）について述べる。

　プロジェクト・スケジュールは，「計画日，所要期間，マイルストーン，および資源と結びつけられたアクティビティを含むスケジュール・モデルのアウトプットである。」［PMBOK］

　スケジュール・データは，「スケジュールを説明しコントロールするための情報の集合である。」［PMBOK］である。

　プロジェクト・カレンダーは，「予定されたアクティビティのために使用できる作業日やシフト勤務日を特定したカレンダーである。」［PMBOK］である。

7.7　スケジュールのコントロール

　スケジュールのコントロールのプロセスでは，図7-18のようなインプット，ツールと技法，アウトプットとなっている。

　スケジュールのコントロールは，「プロジェクト・スケジュールの更新とスケジュール・ベースラインへの変更をマネジメントするために，プロジェクトの状況を監視するプロセス。」［PMBOK］と定義されている。

インプット	ツールと技法	アウトプット
1．プロジェクトマネジメント計画書 ・スケジュール・マネジメント計画書 ・スケジュール・ベースライン ・スコープ・ベースライン ・パフォーマンス測定ベースライン 2．プロジェクト文書 ・教訓登録簿 ・プロジェクト・カレンダー ・プロジェクト・スケジュール ・資源カレンダー ・スケジュール・データ 3．作業パフォーマンス・データ 4．組織のプロセス資産	1．データ分析 ・アーンドバリュー分析 ・イテレーション・バーンダウン・チャート ・パフォーマンス・レビュー ・傾向分析 ・差異分析 ・What-ifシナリオ分析 2．クリティカル・パス法 3．プロジェクトマネジメント情報システム 4．資源最適化 5．リードとラグ 6．スケジュール短縮	1．作業パフォーマンス情報 2．スケジュール予測 3．変更要求 4．プロジェクトマネジメント計画書更新版 ・スケジュール・マネジメント計画書 ・スケジュール・ベースライン ・コスト・ベースライン ・パフォーマンス測定ベースライン 5．プロジェクト文書更新版 ・前提条件ログ ・見積りの根拠 ・教訓登録簿 ・プロジェクト・スケジュール ・資源カレンダー ・リスク登録簿 ・スケジュール・データ

出典：PMBOKガイド第6版

図7-18 スケジュールのコントロール：
インプット，ツールと技法，アウトプット

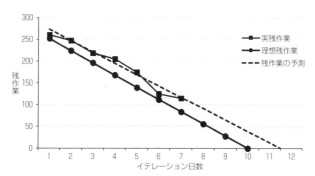

出典：PMBOKガイド第6版

図7-19 イテレーション・バーンダウン・チャートの例

　ツールと技法におけるイテレーション・バーンダウン・チャート（Iteration Burn-Down Chart）とパフォーマンス・レビューについて検討する。

　イテレーション・バーンダウン・チャート（**図7-19**）は，収集情報が残時間のみで，残時間を追跡することで，予定どおりに終了するか，そうでないかを判断することができる。まず，最初の合計残時間から，目標となる日（残時間ゼロ）までの直線を描くことで，理想残作業が描ける。次に，実残作業時間をプロットし，理想残作業線と実残作業線からの位置関係で，理想線よりも下（予定より進んでいる）か，上（遅れている）かを見れば，終了日を予測することができる。

　パフォーマンス・レビュー(Performance Reviews)は，「実際の開始日や終了日，達成率，作業中の残所要期間などをスケジュール・ベースラインに照らして，スケジュール・パフォーマンスの測定，比較，および分析を行う。」[PMBOK]ことである。

第 **8** 章

プロジェクト・コスト・マネジメント

8.1 プロジェクト・コスト・マネジメント

　プロジェクト・コスト・マネジメント（Project Cost Management）は,「プロジェクトを承認済みの予算内で完了するために必要な, コストの計画, 見積り, 予算化, 財務管理, 資金調達, マネジメント, およびコントロールなどのプロセスからなる。」[PMBOK]と定義されている。

　プロジェクト・コスト・マネジメントのプロセスは,

- コスト・マネジメントの計画（Plan Cost Management）
- コストの見積り（Estimate Costs）
- 予算の設定（Determine Budget）
- コストのコントロール（Control Costs）

の4つのプロセスとなる。

8.2 コスト・マネジメントの計画

　コスト・マネジメントの計画のプロセスでは, **図8-1**のようなインプット, ツールと技法, アウトプットとなっている。

　コスト・マネジメントの計画は,「プロジェクト・コストを見積もり, 予算化し, マネジメントし, 監視し, そしてコントロールする方法を定義するプロセス」[PMBOK]と定義されている。

　アウトプットのコスト・マネジメント計画書は,「プロジェクト・コストの計画, 構造化, コントロールの方法が記述される。」[PMBOK]

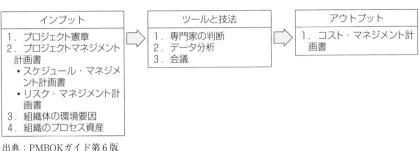

出典：PMBOKガイド第6版

図8-1 コスト・マネジメントの計画：
インプット，ツールと技法，アウトプット

コスト・マネジメント計画書により，

- 測定単位（測定に使用する単位が，資源ごとに定義される）

- 精密さのレベル（コスト見積り値の繰り上げ，繰り下げなどの位取り）

- 正確さのレベル（±10%などの許容範囲）

- 組織の手続きと結びつき（プロジェクト・コストの会計に使用するWBS構成要素の母体組織の経理システムに結びつく独自のコードや会計コードの割当て）

- コントロールのしきい値（合意のもとでコスト・パフォーマンス監視のための変動しきい値）

- パフォーマンス測定値の規則（パフォーマンス測定のアーンド・バリュー・マネジメントの規則の設定）

を確立できる。

8.3 コストの見積り

コストの見積りのプロセスでは，図8-2のようなインプット，ツールと技法，アウトプットとなっている。

コストの見積りは，「プロジェクト作業を完了するために必要な資源コストを概算するプロセス」[PMBOK]と定義されている。

ツールと技法では，類推見積り，パラメトリック見積り，ボトムアップ見積

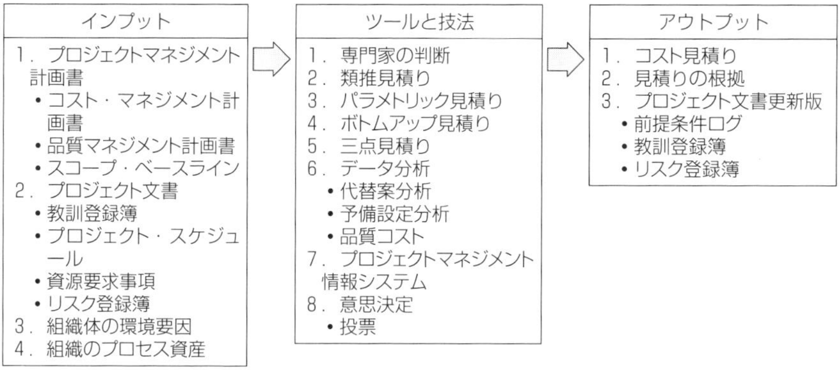

インプット	ツールと技法	アウトプット
1．プロジェクトマネジメント 計画書 ・コスト・マネジメント計画書 ・品質マネジメント計画書 ・スコープ・ベースライン 2．プロジェクト文書 ・教訓登録簿 ・プロジェクト・スケジュール ・資源要求事項 ・リスク登録簿 3．組織体の環境要因 4．組織のプロセス資産	1．専門家の判断 2．類推見積り 3．パラメトリック見積り 4．ボトムアップ見積り 5．三点見積り 6．データ分析 ・代替案分析 ・予備設定分析 ・品質コスト 7．プロジェクトマネジメント 情報システム 8．意思決定 ・投票	1．コスト見積り 2．見積りの根拠 3．プロジェクト文書更新版 ・前提条件ログ ・教訓登録簿 ・リスク登録簿

出典：PMBOKガイド第6版

図8-2　コストの見積り：インプット，ツールと技法，アウトプット

り，三点見積りがあるが，これらは，第7章において述べている。ここでは，具体的に検討しておく。

例．駐車場の建設プロジェクト―類推見積り―

過去に300台分の駐車スペースの駐車場を建設したプロジェクトがあった。このプロジェクトでは，150万円のコストが必要であった。そして，今回500台分の駐車スペースを建設するプロジェクトに着手することになった。

このような場合，類推見積りでは，150万円×(500(台)÷300(台))＝250万円としてコストを見積る。

演習

三点見積り

過去のプロジェクトから，コスト情報をレビューした。最も安いコストは35万円，最も高いコストは100万円であった。また，最も一般的なコストは60万円である。

分布が，ベータ分布に従うとして，コストをいくらに見積れば
よいか計算せよ。

8.4 予算の設定

　予算の設定のプロセスでは，**図8-3**のようなインプット，ツールと技法，ア
ウトプットとなっている。

　予算の設定は，「コスト・ベースラインを作成し認可を得るために，個々の
アクティビティやワーク・パッケージのコスト見積りを集約するプロセス」
[PMBOK]と定義されている。

　ツールと技法として，コスト集約（Cost Aggregation），過去の情報（Historical Information）のレビュー，資金限度額による調整（Funding Limit Reconcilia-

インプット	ツールと技法	アウトプット
1．プロジェクトマネジメント計画書 ・コスト・マネジメント計画書 ・資源マネジメント計画書 ・スコープ・ベースライン 2．プロジェクト文書 ・見積りの根拠 ・コスト見積り ・プロジェクト・スケジュール ・リスク登録簿 3．ビジネス文書 ・ビジネス・ケース ・ベネフィット・マネジメント計画書 4．合意書 5．組織体の環境要因 6．組織のプロセス資産	1．専門家の判断 2．コスト集約 3．データ分析 ・予備設定分析 4．過去の情報のレビュー 5．資金限度額による調整 6．財務管理	1．コスト・ベースライン 2．プロジェクト資金要求事項 3．プロジェクト文書更新版 ・コスト見積り ・プロジェクト・スケジュール ・リスク登録簿

出典：PMBOKガイド第6版

図8-3　予算の設定：インプット，ツールと技法，アウトプット

tion），財務管理（Financial Management）があるので，順に検討する。

　コスト集約は，「プロジェクトのWBS内の指定されたレベルまたは指定されたコスト・コントロール・アカウントで，さまざまなワーク・パッケージに関連する下位レベルのコスト見積りを集計すること。」[PMBOK]である。

　過去の情報は，「プロジェクト・ファイル，プロジェクト記録，コレスポンデンス，完了済み契約，および完了済みプロジェクトを含む過去のプロジェクトに関する文書とデータ。」[PMBOK]のことで，これら過去の情報をレビューすることで，パラメトリック見積りや類推見積りに役立てることができる。

　資金限度額による調整は，「プロジェクト資金の予定支出額をプロジェクトの資金限度額と比較して差異を特定するプロセス。」[PMBOK]のことである。

　財務管理は，資金調達や資金運用などを合理的かつ科学的に管理する活動のことである。

　アウトプットのコスト・ベースラインは，「時間軸ベースのプロジェクト予算の承認版であり，マネジメント予備は含まない。」[PMBOK]

　図8-4にプロジェクト予算とコスト・ベースラインの構成要素を示す。こ

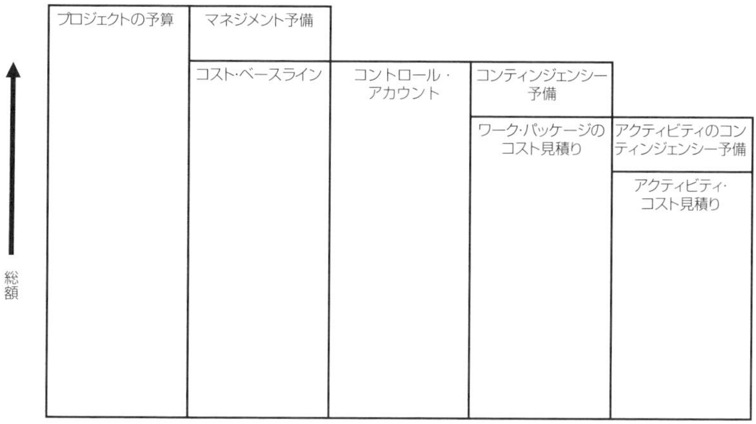

出典：PMBOKガイド第6版

図8-4　プロジェクト予算の構成要素

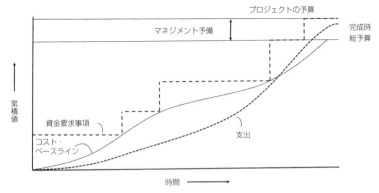

出典：PMBOKガイド第6版

図8-5 コスト・ベースライン，支出，資金要求事項

の図より，コスト・ベースラインにマネジメント予備を加えたものがプロジェクト予算になることがわかる。また，コントロール・アカウントがコスト・ベースラインであることもわかる。コスト・ベースラインを構成しているコスト見積りは，スケジュール・アクティビティに直結しているので，横軸に時間を，縦軸に累積コストをとれば，コスト・ベースラインは，**図8-5**のようなS字カーブで表すことができる。また，**図8-5**に，支出や資金要求事項なども記載しておく。資金調達は段階的に行われることが多いため，階段状になる。

8.5 コストのコントロール

コストのコントロールのプロセスでは，**図8-6**のようなインプット，ツールと技法，アウトプットとなっている。

コストのコントロールは，「プロジェクト・コストを更新するためにプロジェクトの状況を監視し，コスト・ベースラインへの変更をマネジメントするプロセスである。」[PMBOK]と定義されている。

ツールと技法のアーンド・バリュー分析（EVA：Earned Value Analysis）では，

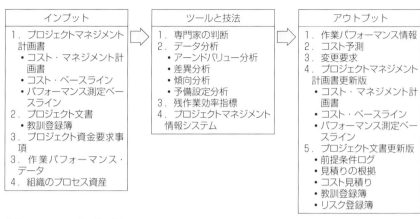

出典：PMBOKガイド第6版

図8-6　コストのコントロール：
インプット，ツールと技法，アウトプット

　プランド・バリュー（PV：Planned Value）：「スケジュールされ作業に割り当
てられた認可済み予算。」［PMBOK］である。

　アーンド・バリュー（EV：Earned Value）：「実施した作業の測定値の1つで
あり，実施した作業を承認済み予算額で示す」［PMBOK］

　実コスト（AC：Actual Cost）：「ある一定の期間内に，アクティビティ上で遂
行された作業のための実際のコストである。」［PMBOK］
を用いて分析を行う。

　アーンド・バリューの概念は，1963年にアメリカ国防総省（DOD：Depart-
ment of Defense）で最初に導入された。その後，アメリカ国防総省はアーンド・
バリューの概念を体系化し，1967年にDoDI 7000.2"Performance Measurement
for Selected Acquisitions"として標準化した。このとき，C/SCSC（Cost/Schedule
Control System Criteria）という略語を用いて，プロジェクトマネジメントに用
いられた。

　1996年にDoD 5000.2-R"Mandatory Procedures for Major Defense Acquisi-
tion Programs（MDAPs）and Major Automated Information System（MAIS）

Acquisition Programs"となり，コントロール・アカウント・プラン（Control Account Plan）と改称された。

　これが，1998年にアメリカ規格協会（ANSI：American National Standards Institute）がANSI/EIA-748-1998"Earned Value Management Systems"として発行し，クリントン政権のもとで，アメリカの財政赤字改善のため，活用されることで注目されるようになった。2002年には，ANSI/EIA-748-A-2002"Earned Value Management Systems"となっている[25],[26]。

　アーンド・バリュー・マネジメント（EVM：Earned Value Management）は，プロジェクトの進捗管理の世界標準と考えて良い。そして，先に述べたPV，EV，ACを使用して，コストの超過やスケジュールの遅延を視覚的に分析する。

　いま，プロジェクトの総予算をBAC（Budget At Completion），完成時の総コスト見積りをEAC（Estimate At Completion），残作業のコスト見積りをETC（Estimate To Complete）とする。PV,EV,AC,BAC,EAC,ETCは，**図8-7**のようになる。

　EVMにおける差異分析は，コスト差異（CV：Cost Variance），スケジュール差異（SV：Schedule Variance），および完成時差異（VAC：Variance At Comple-

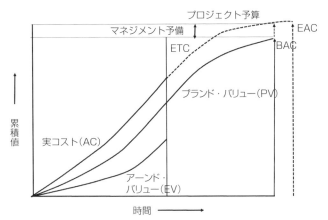

出典：PMBOKガイド第6版

図8-7　アーンド・バリュー，プランド・バリュー・実コスト

tion）について，その原因や影響，是正処置について分析する。これらの計算
式は，

$$SV = EV - PV$$
$$CV = EV - AC$$
$$VAC = BAC - EAC$$

である。**図8-8**に，SVとCVの関係を示す。

　また，スケジュール効率指標（SPI：Schedule Performance Index）は，スケ
ジュールの効率を測る尺度で，

$$SPI = EV \div PV$$

で計算する。さらに，コスト・パフォーマンス指数（CPI：Cost Performance In-
dex）は，予算化された資源のコスト効率を測る尺度で，

$$CPI = EV \div AC$$

で計算する。

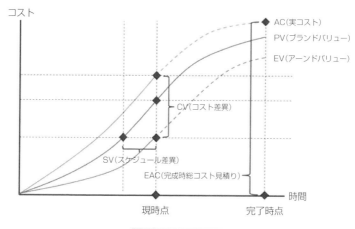

図8-8　SVとCV

　プロジェクトが進行すると，プロジェクト・チームは，現時点の出来高によるコスト（EV），実際に使用したコスト（AC）を用いて，計画時でのコスト（PV）などから導かれる値（SV, CV, SPI, CPI）を用いて，完成時の総コスト（EAC）を予測しておく必要がある。これには，次の3つの計算方法がある。

　①予算レートを用いたETCに基づくEACの予測

$$（BAC-EV）+AC$$

　②現在のCPIを用いたETCに基づくEACの予測

$$（BAC-EV）\div CPI+AC$$
$$（※簡略版：BAC\div CPI+AC）$$

　③SPIおよびCPIを考慮したETCに基づくEACの予測

$$（BAC-EV）\div（CPI\times SPI）+AC$$

なお，ETC=EAC-ACとなる。

　残作業効率指標（TCPI：To-Complete Performance Index）は，「定められたマネジメント目標を達成するために，残資源を使用する上で必要なコスト・パフォーマンスの測定値であり，残りの予算に対する未実施の作業を終了するためのコストの割合で表す。」[PMBOK]

　TCPIは，次式で計算する。

　①　BACに基づくTCPI

$$TCPI=（BAC-EV）\div（BAC-AC）$$

（BACの達成が不可能になった場合は，EACに置き換えてTCPIを計算する。）

　②　EACの基づくTCPI

$$TCPI=（BAC-EV）\div（EAC-AC）$$

図8-9にTCPIの概念を示す。

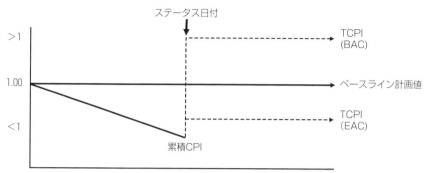

出典：PMBOKガイド第6版

図8-9 TCPIの概念

　累積CPIが，**図8-9**のように，ベースライン計画を下回る場合には，BAC内に収まるように，プロジェクトのすべての将来作業をTCPI（BAC）の範囲内で実行する必要がある。

演習　キャンパス内にある東西の正門に，塗装を行うプロジェクトがある。このプロジェクトのアクティビティは，東正門の塗装と西正門の塗装の2つで構成されている。

　　アクティビティA：東正門の塗装（$32m^2$）

　　作業時間の見積り：$1m^2$当たり1時間として32時間

　　アクティビティB：西正門の塗装（$32m^2$）

　　作業時間の見積り：$1m^2$当たり1時間として32時間

　これらの作業に必要なコストは，人件費と塗装費とする。人件費は，1万円／時，塗装費は1万円／m^2とすると，アクティビティAの予算は32万円（人件費）＋32万円（塗装費）＝64万円となる。また，アクティビティBも同様に64万円となるので，このプロジェクトの総予算は128万円である。

　また，1日8時間労働として，工期32時間÷8時間／日＝4日が総工数となる。

　このプロジェクトの作業を開始してから2日目の状況を調べた
ところ,

　アクティビティAは,16時間作業を行っており,14m^{2}の塗装が
完了していた。

　また,アクティビティBは,20時間の作業を行い,16m^{2}の塗装
が完了していた。

　したがって,ここまでの実績は,

　アクティビティA：人件費16万円＋塗装費14万円＝30万円

　アクティビティB：人件費20万円＋塗装費16万円＝36万円

となる。

1）実績値を表すEVは,アクティビティAが14m^2,アクティビ
　ティBが16m^{2}であるため,合計30m^{2}に費やす作業時間は30時
　間であることから,人件費30万円＋塗装費30万円＝60万円とな
　る。

　　では,PV（プランド・バリュー）とAC（実コスト）はいく
　らになるか求めよ。

2）次の各値を求めよ。

　　CV＝EV－AC＝

　　SV＝EV－PV＝

　　CPI＝EV÷AC＝

　　SPI＝EV÷PV＝

3）次の各値を求めよ。

　　EAC＝①予算レートを用いたETCに基づくEACの予測

　　　　　②現在のCPIを用いたETCに基づくEACの予測

③SPIおよびCPIを考慮したETCに基づくEACの予測

ETC＝①

②

③

プロジェクト品質マネジメント

9.1 品質マネジメントの重要性

　フォード・モーター社（Ford Motor Company）は，1903年に世界の自動車王ヘンリー・フォード（H.Ford）が設立した。そして，1908年に発売したT型フォードは，20年間で1,500万台を生産するベストセラー・カーとなった。

　しかし，1,500万台もの自動車の大量生産は，大量の不良を発生することにもつながった。そこで，検査を行うことで，良品は出荷し，不良品は修理して出荷するという対応を行った。

　なお，フォードは発明王エジソン（T.A.Edison）とも親交があり，エジソンは，電気自動車（EV車）を発明していたため，フォード自動車から電気自動車が販売されていたら，今日の地球温暖化の要因の1つとなっているCO_2の排出は防げたかも知れない。しかし，当時は，電気代よりもガソリン代の方が安かったため，ガソリン車が主流となった。

　さて，1950年に日本に来日したデミング（W.E.Deming）は，検査よりも予防が大切であると説き，PDCAサイクルによる工程の改善を主張した。デミングの品質管理は，日本で普及し，日本の製品品質の向上に大いに貢献することになった。今日では，品質によって経営を行うという考えも登場している。

　この章で取り扱うプロジェクト品質マネジメント（Project Quality Management）は，「ステークホルダーの期待に応えるために，プロジェクトおよびプロダクトの品質要求事項を計画し，マネジメントし，コントロールすることに関する組織の品質方針を組み込んだプロセスからなる。」[PMBOK]と定義されている。

122

プロジェクト品質マネジメントのプロセスは，

- 品質マネジメントの計画（Plan Quality Management）
- 品質のマネジメント（Manage Quality）
- 品質のコントロール（Control Quality）

の３つのプロセスからなる。

9.2 品質マネジメントの計画

品質マネジメントの計画のプロセスでは，**図9-1**のようなインプット，ツールと技法，アウトプットとなっている。

品質マネジメントの計画は，「プロジェクトおよびその成果物の品質要求事項や品質標準を特定し，プロジェクトで品質要求事項や品質標準を順守するための方法を文書化するプロセス」［PMBOK］と定義されている。

インプット	ツールと技法	アウトプット
1．プロジェクト憲章 2．プロジェクトマネジメント計画書 ・要求事項マネジメント計画書 ・リスク・マネジメント計画書 ・ステークホルダー・エンゲージメント計画書 ・スコープ・ベースライン 3．プロジェクト文書 ・前提条件ログ ・要求事項文書 ・要求事項トレーサビリティ・マトリックス ・リスク登録簿 ・ステークホルダー登録簿 4．組織体の環境要因 5．組織のプロセス資産	1．専門家の判断 2．データ収集 ・ベンチマーキング ・ブレーンストーミング ・インタビュー 3．データ分析 ・費用便益分析 ・品質コスト 4．意思決定 ・多基準意思決定分析 5．データ表現 ・フローチャート ・論理データ・モデル ・マトリックス・ダイアグラム ・マインド・マップ法 6．テストおよび検査計画 7．会議	1．品質マネジメント計画書 2．品質尺度 3．プロジェクトマネジメント計画書更新版 ・リスク・マネジメント計画書 ・スコープ・ベースライン 4．プロジェクト文書更新版 ・教訓登録簿 ・要求事項トレーサビリティ・マトリックス ・リスク登録簿 ・ステークホルダー登録簿

出典：PMBOKガイド第6版

図9-1 品質マネジメントの計画：インプット，ツールと技法，アウトプット

　ツールと技法の費用便益分析は,「プロジェクトのコストに対して,プロジェクトによって得られる効果を測定するために用いる財務分析ツール。」[PMBOK]である。つまり,かかる費用と便益（利益や利点）を比較する分析手法である。利益のほか,生産性向上,手直しの現象,コスト低下,ステークホルダー満足度向上も便益と考える。

　　　　例

$$BCR（Benefit\text{-}Cost\ Ratio）=Benefit（収入）\div Cost（費用）$$
$$100円の費用で,\ 150円の収入 → BCRは1.5$$

　BCRが1.0以上であれば,初期投資を回収できるため,投資適格と判定できる。

　品質コスト（CoQ：Cost of Quality）は,「プロダクトのライフサイクルを通して,要求事項への不適合を予防すること,要求事項への適合のためにプロダクトやサービスを評価すること,および要求事項を満たさない不良のために,投資するすべてのコスト。」[PMBOK]のことである。これらは順に,予防コ

適合関連コスト　　　　　　　　　　不適合関連コスト

予防コスト （高品質のプロダクトを構築） ・トレーニング ・文書プロセス ・装置 ・的確な処理にかかる時間 評価コスト （品質の評価） ・テスト ・破壊テストのロス ・検査	内部不具合コスト （プロジェクトで露呈した不具合） ・手直し ・スクラップ 外部不具合コスト （顧客が指摘した不具合） ・法的責任 ・保証書関連作業 ・取引破綻

失敗を避けるためにプロジェクト
期間中に費やした金額

プロジェクトの前後に不具合に
かかったコスト

出典：PMBOKガイド第6版

図9-2 品質コスト

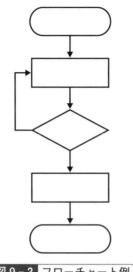

図9-3 フローチャート例

スト（Prevention Cost），評価コスト（Appraisal Cost），不良コスト（Failure Cost）（内部（Internal）または外部（External））と呼ぶ。図9-2に，これらの品質コストを示す。

また，フローチャート（Flowchart）は，「システムにおけるひとつ以上のプロセスのインプット，プロセス・アクション，およびアウトプットを図の形式で示したもの。」［PMBOK］である。図9-3の，フローチャート例を示す。

また，ビジネスやプロジェクトの全体像を見渡すために用いられるフレームワークとして，図9-4に示すSIPOCがある。

SIPOCは，Supplier（供給者），Input（インプット），Process（プロセス），Output（アウトプット），Customer（顧客）の頭文字を取ったものである。SIPOCモデルは，業務改善の範囲を明確にしたり，既存プロセスの課題を探ったりすることに適しているため，プロセス管理，プロセス改善などでも用いられる。

論理データ・モデル（Logical Data Model）は，「組織のデータの視覚的な表現であり，ビジネス言語で記述され，あらゆる特定の技法から独立している。」［PMBOK］。図9-5に論理データ・モデル例を示す。

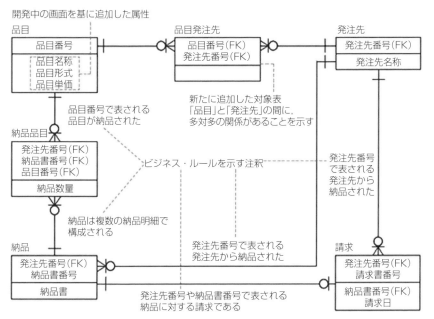

出典：PMBOKガイド第6版

（図9-4）SIPOCモデル例

出典：日経ITプロフェッショナル 2005年1月号　p.86

（図9-5）論理データ・モデル例

	評価項目1	評価項目2	評価項目3	評価項目4	評価項目5	合計点	順位	備考
代替案1	◎	◎	○	○	○	19	1	
代替案2	○	△	○	△	△	9	3	
代替案3	△	○	◎	△		10	2	
代替案4					△	1	4	

配	点
◎	5点
○	3点
△	1点
無	0点

図9-6 マトリックス・ダイアグラム例

　マトリックス・ダイアグラム（Matrix Diagrams）は，「マトリックスを構成する行と列にあるさまざまな要因，原因，および目標間の強みを見つけるために役立つ。」［PMBOK］図である。2事項を扱う二元表のL型マトリックス・ダイアグラム，3事項を扱うT型マトリックス・ダイアグラム，Y型マトリックス・ダイアグラム，C型マトリックス・ダイアグラム，4事項を扱うX型マトリックス・ダイアグラムなどがある。図9-6にL型マトリックス・ダイアグラム例を示す。

　マインド・マップ（Mind-Mapping）法は，「個別のブレーンストーミングから出てきたアイデアを1つのマップにまとめ，理解の共通点や相違点を明らかにし，新しいアイデアを生み出す技法。」［PMBOK］である。マインド・マップは，1960年代にトニー・ブザン（T.Buzan）によって考案された。図9-7に，TONY BUZAN'S BIOGRAPHYのマインド・マップを示す。

　テストおよび検査計画では，「計画フェーズ中に，プロジェクト・マネジャーとプロジェクト・チームは，ステークホルダーのニーズと期待を満たすために，プロダクト，成果物，またはサービスをテストまたは検査する方法，およびプロダクトのパフォーマンスと信頼性の目標を達成する方法を決定する。」［PMBOK］

　図9-8に，テストおよび検査計画の例を示す。

　アウトプットの品質マネジメント計画書は，「品質目標を達成するために適

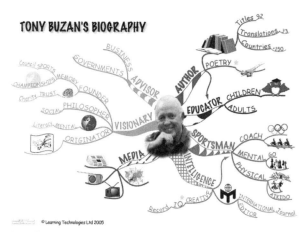

出典：「TONY BUZAN'S BIOGRAPHY」：マインドマップの学校
（https://www.mindmap-school.jp/）

図9-7　マインド・マップ例

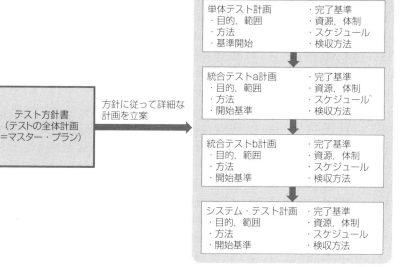

出典：「プロジェクトマネジメントの理論と実践」第9回テスト計画，日経XTECH，2007年11月
（https://tech.nikkeibp.co.jp/it/article/COLUMN/20070920/282591/）

図9-8　テストおよび検査計画の例

用される方針，手続き，およびガイドラインの実行方法を記述」[PMBOK]した文書である。

　品質尺度（Quality Metrics）は，「プロジェクトまたはプロダクトの属性とその属性をどのように測定するかを記述したもの。」[PMBOK]である。

9.3 品質のマネジメント

　品質のマネジメントのプロセスでは，**図9-9**のようなインプット，ツールと技法，アウトプットとなっている。

　品質のマネジメントは，「組織の品質方針をプロジェクトに組み入れて，組織の品質マネジメント計画を品質活動の実行に移すプロセス」[PMBOK]と定義されている。

インプット	ツールと技法	アウトプット
1．プロジェクトマネジメント計画書 ・品質マネジメント計画書 2．プロジェクト文書 ・教訓登録簿 ・品質コントロール測定結果 ・品質尺度 ・リスク報告書 3．組織のプロセス資産	1．データ収集 ・チェックリスト 2．データ分析 ・代替案分析 ・文書分析 ・プロセス分析 ・根本原因分析 3．意思決定 ・多基準意思決定分析 4．データ表現 ・親和図 ・特性要因図 ・フローチャート ・ヒストグラム ・マトリックス・ダイアグラム ・散布図 5．監査 6．デザイン・フォー・エックス 7．問題解決 8．品質改善方法	1．品質報告書 2．テスト・評価文書 3．変更要求 4．プロジェクトマネジメント計画書更新版 ・品質マネジメント計画書 ・スコープ・ベースライン ・スケジュール・ベースライン ・コスト・ベースライン 6．プロジェクト文書更新版 ・課題ログ ・教訓登録簿 ・リスク登録簿

出典：PMBOKガイド第6版

図9-9　品質のマネジメント：インプット，ツールと技法，アウトプット

　ツールと技法として，これまで取り扱っていない技法について，順に述べていく。

　チェックリスト（Checklist）は，「正確さと安全さを達成するため，リストを使って対象の系統的なレビューを行う技法。」[PMBOK]のことである。

　プロセス分析（Process Analysis）は，「プロセス改善の機会を特定する。この分析ではプロセス中に発生した問題点や制約条件，付加価値のない活動についても検討する。」[PMBOK]

　根本原因分析（RCA：Root Cause Analysis）は，「差異，欠陥，あるいはリスクを引き起こす根源的な理由を明らかにするために用いられる分析技法である。」[PMBOK]その手順を以下に示す。

　手順1．問題を記述する。

　手順2．データおよび証拠の収集。

　手順3．問題を引き起こしている実態の解明（FTA，FMEAなどのQC（Quality Control）手法を用いることがある）。

　手順4．根本原因の発見。

　手順5．望まれる解決法の発展（TRIZ（Teoriya Resheniya Izobretatelskikh Zadatch（Theory of Solving Inventive Problems））などの発明の方法を利用することがある）。

　手順6．解決策の実行（頻度，影響度などに基づき解決策を実行するかどうかを決める）。

　親和図（Affinity Diagrams）は，「多くのアイデアをレビューや分析のためにグループに分類する技法。」[PMBOK]のことである。図9-10に，親和図の例を示す。

　特性要因図（Cause and Effect Diagram）は，「望ましくない影響を生み出した根本原因へ遡って追跡する要素分解技法。」[PMBOK]のことで，フィッシュ・ボーン・ダイアグラムや石川ダイアグラムとも呼ばれる。図9-11に，特性要因図のフォーマットを，図9-12に特性要因図の例を示す。

　ヒストグラム（Histgram）は，「数値データをグラフで表示したものであ

130

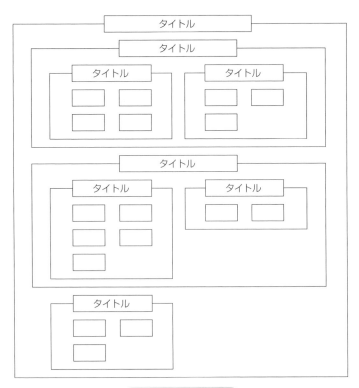

図 9-10 親和図の例

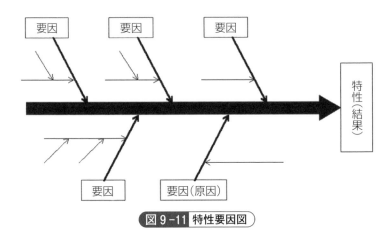

図 9-11 特性要因図

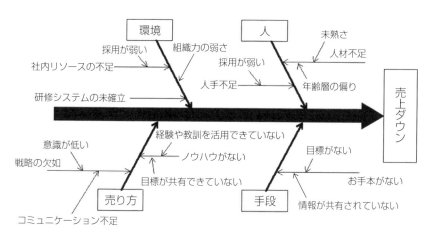

図9-12 特性要因図の例

表9-1 あるデータ

あるデータ				
133	130	127	140	130
132	130	127	121	137
135	133	129	130	130
140	133	121	129	132
126	132	132	129	129
130	132	132	127	132
126	124	135	137	132
130	129	130	135	124
126	130	127	133	126
127	127	130	132	129

る。」〔PMBOK〕

　たとえば，表9-1のようなデータに対して作成されたヒストグラムは図9-13である。

　散布図（Scatter Diagram, Scatter Plot）は，「2つの変数間の関係を示すグラフである。」〔PMBOK〕

　図9-14に散布図の例を示す。

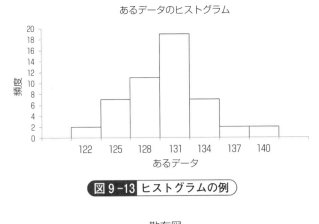

図 9-13 ヒストグラムの例

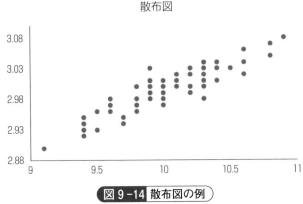

図 9-14 散布図の例

　監査（Audit）は，「プロジェクト活動が組織およびプロジェクトの方針，プロセス，手続きに従っているかを判断するために使用する，構造化され独立したプロセスである。」[PMBOK]

　デザイン・フォー・エックス（DfX：Design for X）は，「設計における特定の側面を最適化するためにプロダクトの設計中に適用できる技術的なガイドラインである。」[PMBOK]

　プロジェクト品質マネジメントでは，DfXのXとして，信頼性，展開，組立て，製造，コスト，サービス，使い勝手，安全性，および品質などのプロダク

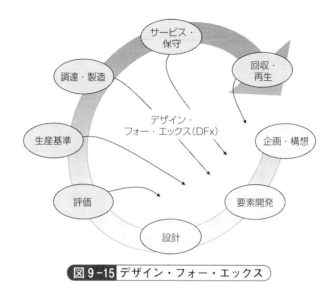

図 9 -15 デザイン・フォー・エックス

ト開発のさまざまな側面を指す。**図 9 -15**にデザイン・フォー・エックスの概
念を示す。

　例えば，組立容易性，製造容易性設計には，DfM（Design for Manufacturing）
を，試験・評価容易性設計には，DfT（Design for Testing）を，修理・保守容易
性設計には，DfR（Design for Repairing）を，環境考慮性設計には，DfE（Design
for Environment）を用いる。

　問題解決とは，「問題または課題の解決策を探すことである。」［PMBOK］

　問題解決方法には，問題の定義，根本原因の特定，可能な解決策の作成，最
適な解決策の選択，解決策の実施，解決策の有効性の検証の要素が含まれる。

　品質改善は，「品質のコントロール・プロセスの所見や推奨事項，品質監査
の知見，または品質のマネジメント・プロセスでの問題解決に基づいて行われ
る可能性がある。」［PMBOK］

　アウトプットの品質報告書（Quality Report）は，グラフ，数値，または定性
的なものもあるが，品質報告書で示される情報は，「チームからエスカレート
されるすべての品質マネジメントの課題，プロセスの推奨事項，プロジェクト

およびプロダクトの改善，是正処置の推奨事項（手直し，欠陥やバグの修復，100％検査，その他を含む），および品質のコントロール・プロセスでの発見の要約がある。」［PMBOK］

テスト・評価文書（Test and Evaluation Document）は，「品質マネジメント計画書に定義された品質目標をプロダクトが満たしているか判断するために行う活動を記述した」［PMBOK］文書である。

9.4 品質のコントロール

品質のコントロールのプロセスでは，**図9-16**のようなインプット，ツールと技法，アウトプットとなっている。

品質のコントロールは，「パフォーマンスを査定し，プロジェクトのアウトプットが完全かつ正確で，顧客の期待を満たしていることを保証するために，品質のマネジメント活動の結果を監視し，記録するプロセス」［PMBOK］と定

インプット	ツールと技法	アウトプット
1．プロジェクトマネジメント計画書 ・品質マネジメント計画書 2．プロジェクト文書 ・教訓登録簿 ・品質尺度 ・テスト・評価文書 3．承認済み変更要求 4．成果物 5．作業パフォーマンス・データ 6．組織体の環境要因 7．組織のプロセス資産	1．データ収集 ・チェックリスト ・チェックシート ・統計的サンプリング ・アンケートと調査 2．データ分析 ・パフォーマンス・レビュー ・根本原因分析 3．検査 4．テストとプロダクト評価 5．データ表現 ・特性要因図 ・管理図 ・ヒストグラム ・散布図 6．会議	1．品質コントロール測定結果 2．検証済み成果物 3．作業パフォーマンス情報 4．変更要求 5．プロジェクトマネジメント計画書更新版 ・品質マネジメント計画書 6．プロジェクト文書更新版 ・課題ログ ・教訓登録簿 ・リスク登録簿 ・テスト・評価文書

出典：PMBOKガイド第6版

図9-16 品質のコントロール：インプット，ツールと技法，アウトプット

義されている。

　ツールと技法のチェックシート（Check-Sheets）は，「品質上の問題に関する有用なデータの効果的な収集を促進し，事実を体系化するために使用される。」[PMBOK]現状把握を目的にした記録用のチェックシートと点検・確認を目的にした点検用チェックシートがある。

　統計的サンプリング（Statistical Sampling）は，「検査対象の母集団から一部を抽出することである。」[PMBOK]

　検査（Inspection）は，「作業プロダクトが文書化された標準に適合するかどうかを決定する試験である。」[PMBOK]

　テストとプロダクト評価であるが，テストは，「プロジェクトの要求事項に従ってテストされるプロダクトやサービスの品質について客観的な情報を提供するために編成かつ構築された調査である。」[PMBOK]

　ソフトウェアのテストには，ユニット・テスト，統合テスト，ブラックボックス，ホワイトボックス，インターフェース・テスト，アルファ・テストなどがある。ハードウェア開発のテストには，環境ストレス・スクリーニング，バーイン・テスト，システム・テストなどがある。このように，適用分野が異なれば，異なるテストが必要になり，テストの結果，プロダクトを評価する。

　管理図（Control Chart）は，「プロセスが安定しているか，あるいは予測内のパフォーマンスであるかどうかを判断するために用いる。」[PMBOK]すなわちプロセスを管理するためとプロセスを解析するために用いられる。

　表9-2に，あるプロセスから得られたデータを表示し，このデータの対する管理図を**図9-17，9-18**に示す。

　日本の品質マネジメントでは，チェックシート，ヒストグラム，パレート図（Pareto Diagram），散布図，特性要因図，グラフ・管理図，層別解析（Stratified Analysis）をQC七つ道具と呼んでいる。また，連関図（Relation Diagram）法，親和図法，系統図（Tree Diagram）法，マトリックス・ダイアグラム，マトリックス・データ解析（Matrix-Data Analysis）法，PDPC（Process Decision Program Chart）法，アロー・ダイアグラムを新QC七つ道具と呼んでいる。

表9-2 あるプロセスから得られたデータ

群No.	月日	曜日	X_1	X_2	X_3	X_4
1	3月1日	月	95	120	120	101
2	3月2日	火	150	117	117	122
3	3月3日	水	137	129	129	123
4	3月4日	木	143	140	140	102
5	3月5日	金	143	111	111	141
6	3月6日	土	141	116	116	161
7	3月7日	日	128	143	143	119
8	3月8日	月	93	111	111	101
9	3月9日	火	131	110	110	141
10	3月10日	水	116	129	129	147
11	3月11日	木	90	123	123	108
12	3月12日	金	129	95	95	119
13	3月13日	土	153	147	147	134
14	3月14日	日	162	132	132	131
15	3月15日	月	117	120	120	146
16	3月16日	火	128	105	105	110
17	3月17日	水	131	114	114	122
18	3月18日	木	116	117	117	81
19	3月19日	金	128	129	129	117
20	3月20日	土	93	123	123	96
21	3月21日	日	120	129	129	138
22	3月22日	月	117	123	123	87
23	3月23日	火	107	117	117	101
24	3月24日	水	141	132	132	119
25	3月25日	木	105	135	135	108

　アウトプットの品質コントロール測定結果（Quality Control Measurements）
は，「品質のコントロール活動の結果を文書化したものである。」[PMBOK]
　「品質のコントロールの最終的な目標は，成果物の正しさを決定することで
ある。品質のコントロール・プロセスを実行した結果は，正式な受入れに向け
たスコープの妥当性確認プロセスへのインプットとなる検証済み成果物（Veri-
fied Deliverables）である。」[PMBOK]

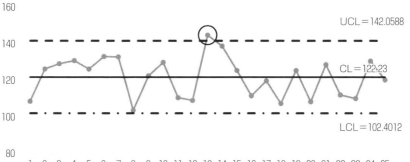

図 9 -17 x̄管理図

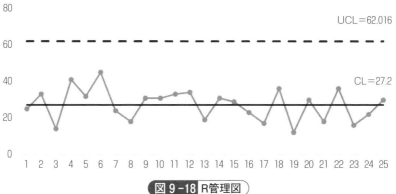

図 9 -18 R管理図

第10章

プロジェクト資源マネジメント

10.1 プロジェクト資源マネジメント

　プロジェクト資源マネジメント（Project Resource Management）は，「プロジェクトを成功裏に完了させるために必要な資源を特定し，獲得し，マネジメントするプロセスからなる。」[PMBOK]と定義されている。

　プロジェクト資源マネジメントは，

- 資源マネジメントの計画（Plan Resource Management）
- アクティビティ資源の見積り（Estimate Activity Resources）
- 資源の獲得（Acquire Resources）
- チームの育成（Develop Team）
- チームのマネジメント（Manage Team）
- 資源のコントロール（Control Resources）

の6つのプロセスからなる。

10.2 資源マネジメントの計画

　資源マネジメントの計画のプロセスでは，**図10-1**のようなインプット，ツールと技法，アウトプットとなっている。

　資源マネジメントの計画は，「チームの資源および物的資源を見積もり，獲得し，マネジメントし，活用する方法を定義するプロセス」[PMBOK]と定義されている。

　ツールと技法として，階層構造図，責任分担マトリックス，テキスト形式，

インプット	ツールと技法	アウトプット
1. プロジェクト憲章 2. プロジェクトマネジメント計画書 ・品質マネジメント計画書 ・スコープ・ベースライン 3. プロジェクト文書 ・プロジェクト・スケジュール ・要求事項文書 ・リスク登録簿 ・ステークホルダー登録簿 4. 組織体の環境要因 5. 組織のプロセス資産	1. 専門家の判断 2. データ表現 ・階層構造図 ・責任分担マトリックス ・テキスト形式 3. 組織論 4. 会議	1. 資源マネジメント計画書 2. チーム憲章 4. プロジェクト文書更新版 ・前提条件ログ ・リスク登録簿

出典：PMBOKガイド第6版

図10-1 資源マネジメントの計画：
インプット，ツールと技法，アウトプット

組織論について検討する。

　まず，階層構造図は，WBSの他に，組織ブレークダウン・ストラクチャー（OBS：Organizational Breakdown Structure）や資源ブレークダウン・ストラクチャー（Resource Breakdown Structure）などがある。OBSは，プロジェクト組織を階層的に図式化したもので，ワーク・パッケージと母体組織の部門とを関連づけるように配置する。資源ブレークダウン・ストラクチャーについては，次節で述べる。

　責任分担マトリックス（RAM：Responsibility Assignment Matrix）は，「ワーク・パッケージとそれに割り当てられたプロジェクト資源を示す。」［PMBOK］

　RAMの例として，RACI（実行責任：Responsible，説明責任：Accountable，相談対応：Consult，情報提供：Inform）チャートを**図10-2**に示す。

　複数のメンバーがプロジェクトに関わることになるので，RACIチャートを作成することで役割分担を明確にすることができる。

　また，「詳細な記述が必要であるチーム・メンバーの責任は，テキスト形式で規定することができる。」［PMBOK］この文書は，責任，権限，コンピテンシー，資格などの情報を含み，職位記述書や職務分掌規定などと呼ばれる。

RACIチャート	担当者				
アクティビティ	アン	ベン	カルロス	カルロス	エッド
憲章の作成	A	R	I	I	I
要求事項収集	I	A	R	C	C
変更要求の送信	I	A	R	R	C
テスト計画の策定	A	C	I	I	R
	R＝責任を負う　A＝説明責任を負う　C＝助言を求める　I＝伝達する				

出典：PMBOKガイド第 6 版

図10-2　RACIチャートの例

　そして，「組織論は，要因，チーム，部門などの行動様式に関する情報を提供する。」［PMBOK］組織論の技法を効果的に用いる必要がある。

　以上のツールと技法を用いて得られるアウトプットの資源マネジメント計画書（Resource Management Plan）は，「プロジェクト資源の分類，配賦，マネジメント，その後の離任などのガイドラインを提供するものである。」［PMBOK］

　資源マネジメント計画書には，資源の特定，資源の獲得，役割と責任，プロジェクト組織図，プロジェクト・チーム資源のマネジメント，トレーニング，チーム育成，資源のコントロール，表彰計画などが含まれる。

　また，チーム憲章（Team Charter）は，「チームの価値観，合意，および業務上のガイドラインを確立するための文書である。」［PMBOK］

　チーム憲章には，チームの価値観，コミュニケーションのガイドライン，意思決定の基準とプロセス，コンフリクトの解決プロセス，会議のガイドライン，チーム合意などが含まれる。

　プロジェクトを成功に導くには，チームの力を最大限に発揮させなければならない。そのためには，プロジェクトチームが，どのようなチーム憲章の元で行動するかを明確に示しておく必要がある。

10.3 アクティビティ資源の見積り

　アクティビティ資源の見積りのプロセスでは，**図10-3**のようなインプット，ツールと技法，アウトプットとなっている。

　アクティビティ資源の見積りは，「プロジェクト作業を実施するために必要な，チームの人的資源および物資，装置，サプライの種類と数量を見積もるプロセス」[PMBOK]と定義されている。

　アウトプットの資源要求事項（Resource Requirements）は，「ワーク・パッケージごとまたはワーク・パッケージ内のアクティビティに必要とされる資源のタイプと量を特定し，そしてワーク・パッケージごと，WBSの分岐ごと，さらにプロジェクト全体としての資源の見積りを決定するために集約される。」[PMBOK]

　また，資源ブレークダウン・ストラクチャーは，資源区分と資源種別によって分類された階層構造によって表現する。**図10-4**に資源ブレークダウン・ストラクチャーの例を示す。

インプット	ツールと技法	アウトプット
1．プロジェクトマネジメント計画書 　•資源マネジメント計画書 　•スコープ・ベースライン 2．プロジェクト文書 　•アクティビティ属性 　•アクティビティ・リスト 　•前提条件ログ 　•コスト見積り 　•資源カレンダー 　•リスク登録簿 3．組織体の環境要因 4．組織のプロセス資産	1．専門家の判断 2．ボトムアップ見積り 3．類推見積り 4．パラメトリック見積り 5．データ分析 　•代替案分析 6．プロジェクトマネジメント情報システム 7．会議	1．資源要求事項 2．見積りの根拠 3．資源ブレークダウン・ストラクチャー 4．プロジェクト文書更新版 　•アクティビティ属性 　•前提条件ログ 　•教訓登録簿

出典：PMBOKガイド第6版

図10-3　アクティビティ資源の見積り：インプット，ツールと技法，アウトプット

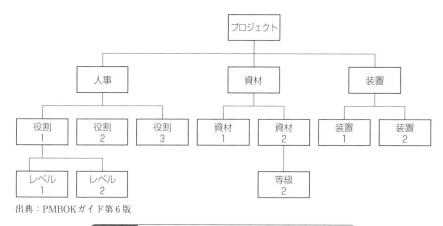

出典：PMBOKガイド第6版

図10-4 資源ブレークダウン・ストラクチャーの例

10.4 資源の獲得

　資源の獲得のプロセスでは，図10-5のようなインプット，ツールと技法，アウトプットとなっている。

　資源の獲得は，「プロジェクト作業を完了するために必要となるチーム・メンバー，設備，装置，資材，サプライ，他の資源を確保するためのプロセス」[PMBOK]と定義されている。

　インプットの調達マネジメント計画書については，第13章で述べる。

　ツールと技法にある交渉とは，プロジェクトマネジメント・チームが行う，次のようなヒトや組織との交渉のことである。

- 機能部門マネジャー
- 母体組織内のその他のプロジェクトマネジメント・チーム
- 外部組織とサプライヤー

　また，先行割当とは，「プロジェクトの物的資源またはチーム資源が事前に決定されている場合，」[PMBOK]その資源を先行割当されているとみなすことである。

インプット	ツールと技法	アウトプット
1．プロジェクトマネジメント計画書 ・資源マネジメント計画書 ・調達マネジメント計画書 ・コスト・ベースライン 2．プロジェクト文書 ・プロジェクト・スケジュール ・資源カレンダー ・資源要求事項 ・ステークホルダー登録簿 3．組織体の環境要因 4．組織のプロセス資産	1．意思決定 ・多基準意思決定分析 2．人間関係とチームに関するスキル ・交渉 3．先行割当 4．バーチャル・チーム	1．物的資源の割当て 2．プロジェクト・チームの任命 3．資源カレンダー 4．変更要求 5．プロジェクトマネジメント計画書更新版 ・資源マネジメント計画書 ・コスト・ベースライン 6．プロジェクト文書更新版 ・教訓登録簿 ・プロジェクト・スケジュール ・資源ブレークダウン・ストラクチャー ・資源要求事項 ・リスク登録簿 ・ステークホルダー登録簿 7．組織体の環境要因更新版 8．組織のプロセス資産更新版

出典：PMBOKガイド第6版

図10-5 資源の獲得：
インプット，ツールと技法，アウトプット

　バーチャル・チーム（Virtual Teams）は，「ほとんど対面することなくそれぞれの役割を果たす，共通の目標をもった人の集団。」[PMBOK]のことである。電子メールやソーシャル・メディア，Web会議などのコミュニケーション技術の発展から実現した。その結果，次のようなことが可能になる。

- 地理的に遠く離れた地域に住む同じ組織の要因でチームを構成する。
- 専門家が同じ地域になくとも，その特殊な専門能力をプロジェクト・チームに付加する。
- 自宅をオフィスとして働く従業員をプロジェクトに組み込む。
- シフト，就労時間帯，就労日が異なる要因でチームを構成する。
- 移動が困難な人や制限のある人を含める。
- 出張費用がかかるためにこれまで保留になったりキャンセルされたりしたようなプロジェクトに取り組む。

　・オフィスや従業員に必要なすべての物的装置の費用を節約する。

　ICTツールの発展とその活用によって，世界規模での知識の共有や遠隔地にいる優秀な人材の起用などで今後，バーチャル・チームによるプロジェクトが増加していくと考えられる。

　アウトプットの物的資源の割当文書は，「プロジェクト中に使用される資材，装置，サプライ，場所，およびその他の物的資源を記録したものである。」[PMBOK]

　また，プロジェクト・チームの任命に関する文書は，「プロジェクトのチーム・メンバーとその役割および責任を記録したものである。」[PMBOK]

10.5　チームの育成

　チームの育成のプロセスでは，**図10-6**のようなインプット，ツールと技法，アウトプットとなっている。

インプット	ツールと技法	アウトプット
1．プロジェクトマネジメント計画書 ・資源マネジメント計画書 2．プロジェクト文書 ・教訓登録簿 ・プロジェクト・スケジュール ・プロジェクト・チームの任命 ・資源カレンダー ・チーム憲章 3．組織体の環境要因 4．組織のプロセス資産	1．コロケーション 2．バーチャル・チーム 3．コミュニケーション技術 4．人間関係とチームに関するスキル ・コンフリクト・マネジメント ・影響力 ・動機づけ ・交渉 ・チーム形成 5．表彰と報奨 6．トレーニング 7．個人およびチームの評価 8．会議	1．チームのパフォーマンス評価 2．変更要求 3．プロジェクトマネジメント計画書更新版 ・資源マネジメント計画書 4．プロジェクト文書更新版 ・教訓登録簿 ・プロジェクト・スケジュール ・プロジェクト・チームの任命 ・資源カレンダー ・チーム憲章 5．組織体の環境要因更新版 6．組織のプロセス資産更新版

出典：PMBOKガイド第6版

図10-6　チームの育成：インプット，ツールと技法，アウトプット

チームの育成は、「プロジェクトのパフォーマンスを高めるために、コンピテンシー、チーム・メンバー間の交流、およびチーム環境全体を改善するプロセス」[PMBOK]と定義されている。コンピテンシー（Competency）とは、高業績者に共通してみられる行動特性のことである。

チーム育成モデルとしては、1965年にタックマン（B.W.Tuckman）によって発表[27]されたタックマン・モデルがある。タックマン・モデルは、チーム形成（組織づくり）の過程を4つのステージで表し、現在ではこれにチームの解散ステージを加え、次の5つのステージでチーム状態を表すモデルである。

ステージ1．形成期（Forming）：チーム結成の初期状態、プロジェクトの内容とメンバーの正式な役割について学ぶ。チーム・メンバーは独立しており、閉鎖的になりやすい。

ステージ2．混乱期（Storming）：チームはプロジェクト作業、技法の決定、プロジェクトマネジメント手法に取り組み始める。しかし、チームの目標などを巡り混乱や意見の対立が生じ、チーム環境は非生産的なものになる。

ステージ3．統一期（Norming）：目標や役割などの認識が一致し、チームが安定する。チーム・メンバーは、所属するチームを支援するために自らの習慣や行動を調整し始め、チーム・メンバー間に信頼関係が築かれていく。

ステージ4．機能期（Performing）：チームが成熟し、チームの力が十分に発揮される。相互に依存関係を保ち、課題に円滑かつ効率的に対処できる。

ステージ5．散会期（Adjourning）：チームは目標を達成し、チームが解散される。

これらの段階を経て、チームが育成されていくことを理解しておくと良い。

ツールと技法のコロケーション（Colocation）は、「チームとしての能力を高めるために、最も活動的なプロジェクト・チーム・メンバーの大部分または全員を物理的に同じ場所に集めることである。」[PMBOK]前節で述べたバーチャル・チームのバーチャルは、コロケーションに対比する言葉となる。

コミュニケーション技術（Communication Technology）については、第11章で述べる。

　人間関係とチームに関するスキルにおける動機付けは，「他の誰かに行動を起こす理由を与えることである。」[PMBOK]また，チーム形成は，「チーム同士の関係を向上し，内通した協調的な作業環境を構築する活動を実施することである。」[PMBOK]

　表彰と報奨は，チーム育成プロセスの一環として，望ましい行動に対してなされる。

　トレーニングは，「プロジェクト・チーム・メンバーのコンピテンシーを高めることを意図したあらゆる活動からなる。」[PMBOK]

　個人およびチームの評価には，態度に関する調査，特定の評価，体系的なインタビュー，能力テスト，フォーカス・グループなど，さまざまな評価ツールを活用することで，チーム・メンバー間での理解，信頼関係，コミットメント，コミュニケーションの改善を図り，チームの生産性を高めることに役立つ。

　アウトプットとして，チームのパフォーマンス評価がある。プロジェクトマネジメント・チームは，プロジェクトマネジメント・チーム育成活動の過程で，正式または略式のパフォーマンス評価を行う。

10.6　チームのマネジメント

　チームのマネジメントのプロセスでは，図10-7のようなインプット，ツールと技法，アウトプットとなっている。

　チームのマネジメントは，「プロジェクト・パフォーマンスを最適化するために，チーム・メンバーのパフォーマンスを追跡し，フィードバックを提供し，課題を解決し，さらにチーム変更をマネジメントするプロセス」[PMBOK]と定義されている。

　ツールと技法における感情的知性（Emotional Intelligence）とは，「自他の個人的感情だけでなく，集団の共感度も特定して評価およびマネジメントする能力である。」[PMBOK]チームは，感情的知性を働かせることで，緊張を減少させたり，連携を強化したりすることができる。

148

インプット	ツールと技法	アウトプット
1．プロジェクトマネジメント計画書 ・資源マネジメント計画書 2．プロジェクト文書 ・課題ログ ・教訓登録簿 ・プロジェクト・チームの任命 ・チーム憲章 3．作業パフォーマンス報告書 4．チームのパフォーマンス評価 5．組織体の環境要因 6．組織のプロセス資産	1．人間関係とチームに関するスキル ・コンフリクト・マネジメント ・意思決定 ・感情的知性 ・影響力 ・リーダーシップ 2．プロジェクトマネジメント情報システム	1．変更要求 2．プロジェクトマネジメント計画書更新版 ・資源マネジメント計画書 ・スケジュール・ベースライン ・コスト・ベースライン 3．プロジェクト文書更新版 ・課題ログ ・教訓登録簿 ・プロジェクト・チームの任命 4．組織体の環境要因更新版

出典：PMBOKガイド第6版

図10-7 チームのマネジメント：インプット，ツールと技法，アウトプット

　また，ステークホルダーなどに，タイムリーな影響を与えることのできる能力をチームが持つことは有効である。影響力に関する重要なスキルとして，

- 説得力
- 要点や状況を明確に示すスキル
- 積極的かつ効果的に話を聞く高度なスキル
- 状況に応じたさまざまな観点の認識と考慮
- 課題に対処し，お互いの信頼を維持しながら合意に達するための，関連情報の収集

などがある。

　さらに，プロジェクトを成功させるためには，リーダーに強力なリーダーシップが必要となる。リーダーシップは，「チームの指揮をとり，うまく仕事をこなすよう働きかける能力を指す。」[PMBOK]ことである。

10.7 資源のコントロール

　資源のコントロールのプロセスでは，**図10-8**のようなインプット，ツール

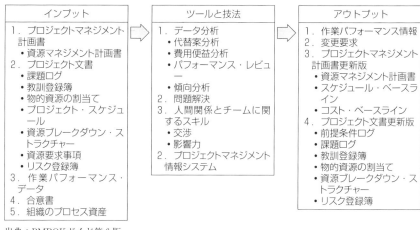

インプット	ツールと技法	アウトプット
1．プロジェクトマネジメント計画書 ・資源マネジメント計画書 2．プロジェクト文書 ・課題ログ ・教訓登録簿 ・物的資源の割当て ・プロジェクト・スケジュール ・資源ブレークダウン・ストラクチャー ・資源要求事項 ・リスク登録簿 3．作業パフォーマンス・データ 4．合意書 5．組織のプロセス資産	1．データ分析 ・代替案分析 ・費用便益分析 ・パフォーマンス・レビュー ・傾向分析 2．問題解決 3．人間関係とチームに関するスキル ・交渉 ・影響力 2．プロジェクトマネジメント情報システム	1．作業パフォーマンス情報 2．変更要求 3．プロジェクトマネジメント計画書更新版 ・資源マネジメント計画書 ・スケジュール・ベースライン ・コスト・ベースライン 4．プロジェクト文書更新版 ・前提条件ログ ・課題ログ ・教訓登録簿 ・物的資源の割当て ・資源ブレークダウン・ストラクチャー ・リスク登録簿

出典：PMBOKガイド第 6 版

図10- 8 資源のコントロール：
インプット，ツールと技法，アウトプット

と技法，アウトプットとなっている。

　資源のコントロールは，「プロジェクトに割り当てられ，配賦された物的資源が計画通りに利用可能であることを確実にし，資源の計画に対する実際の利用を監視し，必要に応じて是正処置を講じるプロセス」［PMBOK］と定義されている。

　ツールと技法におけるパフォーマンス・レビュー（Performance Reviews）は，「実際の資源利用に照らした資源利用計画を測定し，比較し，分析するものである。」［PMBOK］

第 11 章

プロジェクト・コミュニケーション・マネジメント

11.1 プロジェクト・コミュニケーション・マネジメント

　プロジェクト・コミュニケーション・マネジメント（Project Communications Management）は，「プロジェクト情報の，計画，収集，配布，保管，取得，マネジメント，コントロール，監視，そして最終的な廃棄などを適宜，適切，かつ確実に行うために必要なプロセスからなる。」[PMBOK]と定義されている。

　プロジェクト・コミュニケーション・マネジメントは，

- コミュニケーション・マネジメントの計画（Plan Communications Management）
- コミュニケーションのマネジメント（Manage Communications）
- コミュニケーションの監視（Monitor Communications）

の3つのプロセスからなる。

　コミュニケーションは，チームのメンバー間だけではなく，顧客やスポンサーといったステークホルダーを含むことに注意しなければならない。

　PMIの2013 Pulse of the Profession[28]によれば，すべてのステークホルダーとの効果的なコミュニケーションがプロジェクトマネジメントの成功のために最っとも必要とされる要素であり，すべての組織に欠くことのできない中核となる能力であると指摘している。

　効果的なコミュニケーションは，プロジェクトを成功に導き，効果的でないコミュニケーションは，組織に損失を与えることになる。

11.2 コミュニケーション・マネジメントの計画

　コミュニケーション・マネジメントの計画のプロセスでは，**図11-1**のようなインプット，ツールと技法，アウトプットとなっている。

　コミュニケーション・マネジメントの計画は，「個々のステークホルダーまたはグループのニーズ，利用可能な組織の資産，およびプロジェクトのニーズに基づいたプロジェクト・コミュニケーション活動のための適切な取組み方と計画を策定するプロセス」[PMBOK]と定義されている。

　インプットのステークホルダー・エンゲージメント計画書については，第14章で述べる。

　ツールと技法のコミュニケーション要求事項分析（Communication Requirements Analysis）は，「インタビュー，ワークショップ，以前のプロジェクトの教訓の研究などを通してプロジェクト・ステークホルダーの情報ニーズを確定する分析技法。」[PMBOK]である。

インプット	ツールと技法	アウトプット
1．プロジェクト憲章 2．プロジェクトマネジメント計画書 ・資源マネジメント計画書 ・ステークホルダー・エンゲージメント計画書 3．プロジェクト文書 ・要求事項文書 ・ステークホルダー登録簿 4．組織体の環境要因 5．組織のプロセス資産	1．専門家の判断 2．コミュニケーション要求事項分析 3．コミュニケーション技術 4．コミュニケーション・モデル 5．コミュニケーション方法 6．人間関係とチームに関するスキル ・コミュニケーション・スタイルの評価 ・政治的な気づき ・文化的な認識 7．データ表現 ・ステークホルダー関与度評価マトリックス 8．会議	1．コミュニケーション・マネジメント計画書 2．プロジェクトマネジメント計画書更新版 ・ステークホルダー・エンゲージメント計画書 3．プロジェクト文書更新版 ・プロジェクト・スケジュール ・ステークホルダー登録簿

出典：PMBOKガイド第6版

図11-1 コミュニケーション・マネジメントの計画：インプット，ツールと技法，アウトプット

コミュニケーション技術（Communication Technology）は，「プロジェクト・ステークホルダーの間で情報を伝達するためのツール，システムやコンピューター・プログラム。」[PMBOK]のことである。具体的には，会話，会議，電話会議，テレビ会議，電子メール／チャット，文書，データベース，ソーシャル・メディア，共有ポータル，ウェブサイトなどがある。コミュニケーション技術の選択に影響を及ぼす要因として，

- 情報ニーズの緊急性
- 技術の可用性と信頼性
- 利便性
- プロジェクト環境
- 情報の機微性と機密性

がある。

コミュニケーション・モデル（Communication Models）は，「コミュニケーション・プロセスを，最も基本的な線形形式（送信者と受信者），フィードバックの追加要素（送信者，受信者，およびフィードバック）を含むより双方向な形式，または送信者と受信者の人間的要素を組み込んだより複雑なモデルで，人に関するあらゆるコミュニケーションの複雑さを示すことができる。」[PMBOK]

コミュニケーション方法（Communication Methods）は，「プロジェクト・ステークホルダーの間で情報を伝達するための系統的な手続き，技法，またはプロセス。」[PMBOK]のことである。これらは，次のように大別することができる。

- 双方向コミュニケーション：会議，電話，インスタント・メッセージ，ソーシャル・メディアの一部の形式，テレビ会議などを使用
- プッシュ型コミュニケーション：手紙，メモ，報告書，電子メール，ファックス，ボイスメール，ブログやプレスリリース
- プル型コミュニケーション：ウェブ・ポータル，イントラネット・サイト，e-ラーニング，教訓データベース，知識リポジトリ

コミュニケーション・スタイルの評価（Communication Styles Assessment）は，「ステークホルダーにとって，計画されたコミュニケーション活動でコミュニケーションの優先的な方法，形式，内容を特定する技法。」［PMBOK］のことである。

政治的な気づきは，「プロジェクト・マネジャーがプロジェクト環境だけでなく組織の政治的環境に基づいてコミュニケーションを策定するのに役立つ。」［PMBOK］

文化的な認識とは，「個人間，団体間，および組織間の相違を理解すること，そしてプロジェクトのコミュニケーション戦略をこれらの相違のコンテキストに適応させることである。」［PMBOK］のことである。

ステークホルダー関与度評価マトリックス（Stakeholder Engagement Assessment Matrix）については，第14章で述べる。

アウトプットのコミュニケーション・マネジメント計画書は，「いつ，誰が，どのようにプロジェクトの情報を管理し，発信するかを記述したもの。」［PMBOK］である。この計画書には，次の情報が含まれる。

- ステークホルダー・コミュニケーション要求事項
- 言語，書式，内容，詳細度などを含む伝達すべき情報
- エスカレーション・プロセス
- その情報を配布する理由
- 必要とされる情報を配布する時間帯と頻度。必要に応じて受領通知もしくは応答
- 情報伝達の責任者
- 機密情報の開示を認可する責任者
- 情報を受け取る個人またはグループ。そのニーズ，要求事項，および期待に関する情報を含む
- 情報伝達の手段や技術
- 時間や予算を含む，コミュニケーション活動に割り当てる資源
- プロジェクトが進捗し進展するのに伴ってコミュニケーション・マネジメ

ント計画書を更新し改善する方法

- 共通用語集
- プロジェクトにおける情報の流れを表したフローチャート，想定した認可手続きのフロー，報告書のリスト，会議の予定など
- 特定の法律や規制，技術，組織の方針などから派生した制約条件

11.3　コミュニケーションのマネジメント

　コミュニケーションのマネジメントのプロセスでは，**図11-2**のようなインプット，ツールと技法，アウトプットとなっている。

　コミュニケーションのマネジメントは，「プロジェクト情報の，適時かつ適切な収集，生成，配布，保管，検索，マネジメント，監視，そして最終的な廃

インプット	ツールと技法	アウトプット
1．プロジェクトマネジメント計画書 ・資源マネジメント計画書 ・コミュニケーション・マネジメント計画書 ・ステークホルダー・エンゲージメント計画書 2．プロジェクト文書 ・変更ログ ・課題ログ ・教訓登録簿 ・品質報告 ・リスク報告 ・ステークホルダー登録簿 3．作業パフォーマンス報告書 4．組織体の環境要因 5．組織のプロセス資産	1．コミュニケーション技術 2．コミュニケーション方法 3．コミュニケーション・スキル ・コミュニケーション・コンピテンシー ・フィードバック ・非言語 ・プレゼンテーション 4．プロジェクトマネジメント情報システム情報システム 5．プロジェクトの報告 6．人間関係とチームに関するスキル ・積極的傾聴 ・コンフリクト ・文化的な認識 ・会議のマネジメント ・ネットワーキング ・政治的な気づき 7．会議	1．プロジェクト伝達事項 2．プロジェクトマネジメント計画書更新版 ・コミュニケーション・マネジメント計画書 ・ステークホルダー・エンゲージメント計画書 3．プロジェクト文書更新版 ・課題ログ ・教訓登録簿 ・プロジェクト・スケジュール ・リスク登録簿 ・ステークホルダー登録簿 4．組織のプロセス資産更新版

出典：PMBOKガイド第6版

図11-2　コミュニケーションのマネジメント：インプット，ツールと技法，アウトプット

棄が確実に行われるようにするプロセス」［PMBOK］と定義されている。

　ツールと技法のコミュニケーション・スキルにおけるコミュニケーション・コンピテンシー，フィードバック，非言語，プレゼンテーションについて述べる。

　コミュニケーション・コンピテンシーは，「主要なメッセージにおける目的の明確さ，効果的な関係と情報共有，およびリーダーシップの振る舞いなどの要素を考慮し，テーラリングされたコミュニケーション・スキルの組み合わせ。」［PMBOK］のことである。

　フィードバックとは，「コミュニケーションへの反応，成果物，または状況に関する情報」［PMBOK］のことで，コーチング（Coaching）やメンタリング（Mentoring），交渉（Negotiation）なども含まれる。

　非言語は，ジェスチャー，口調，顔の表情を通して意味を伝えたり，適切なボディランゲージを加えたりすることで，ミラーリング（Mirroring）とアイコンタクト（Eye Contact）も重要な技法である。

　プレゼンテーションとは，「情報や文書の正式な提供を意味する。」［PMBOK］

　次に，プロジェクトの報告とは，「プロジェクト情報の収集と配布の行為である。」［PMBOK］

　コミュニケーション・マネジメントでは，正しい情報が正しい時期に正しい手段で正しい相手に伝達されるようにマネジメントする必要がある。プロジェクトが大規模になるほど，ステークホルダーも増えるためコミュニケーションの仕組みを把握しておく必要がある。

11.4　コミュニケーションの監視

　コミュニケーションの監視のプロセスでは，**図11-3**のようなインプット，ツールと技法，アウトプットとなっている。

　コミュニケーションの監視は，「プロジェクトとステークホルダーの情報ニーズが確実に満たされるようにするプロセス」[PMBOK]と定義されている。すなわち，計画に基づいたコミュニケーションが，適切に実行されているかどうかを評価し，適切にコントロールしなければならない。

インプット	ツールと技法	アウトプット
1．プロジェクトマネジメント計画書 ・資源マネジメント計画書 ・コミュニケーション・マネジメント計画書 ・ステークホルダー・エンゲージメント計画書 2．プロジェクト文書 ・課題ログ ・教訓登録簿 ・プロジェクト伝達事項 3．作業パフォーマンス報告書 4．組織体の環境要因 5．組織のプロセス資産	1．専門家の判断 2．プロジェクトマネジメント情報システム 3．データ分析 ・ステークホルダー関与度評価マトリックス 4．人間関係とチームに関するスキル ・観察と対話 5．会議	1．作業パフォーマンス情報 2．変更要求 3．プロジェクトマネジメント計画書更新版 ・コミュニケーション・マネジメント計画書 ・ステークホルダー・エンゲージメント計画書 4．プロジェクト文書更新版 ・課題ログ ・教訓登録簿 ・ステークホルダー登録簿

出典：PMBOKガイド第6版

図11-3　コミュニケーションの監視：インプット，ツールと技法，アウトプット

第 **12** 章

プロジェクト・リスク・マネジメント

12.1 プロジェクト・リスク・マネジメント

　プロジェクト・リスク・マネジメント（Project Risk Management）は，「プロジェクトに関するリスク・マネジメントの計画，特定，分析，対応の計画，対応策の実行，およびリスクの監視を遂行するプロセスからなる。」［PMBOK］と定義されている。

　プロジェクト・リスク・マネジメントは，

- リスク・マネジメントの計画（Plan Risk Management）
- リスクの特定（Identify Risks）
- リスクの定性的分析（Perform Qualitative Risk Analysis）
- リスクの定量的分析（Perform Quantitative Risk Analysis）
- リスク対応の計画（Plan Risk Responses）
- リスク対応策の実行（Implement Risk Responses）
- リスクの監視（Monitor Risks）

の7つのプロセスからなる。

12.2 リスク・マネジメントの計画

　リスク・マネジメントの計画プロセスでは，**図12-1**のようなインプット，ツールと技法，アウトプットとなっている。

　リスク・マネジメントの計画は，「プロジェクトのリスク・マネジメント活動を行う方法を定義するプロセス」［PMBOK］と定義されている。

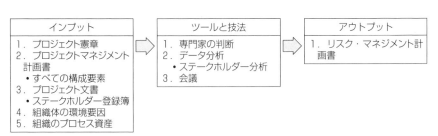

出典：PMBOKガイド第6版

図12-1　リスク・マネジメントの計画：
インプット，ツールと技法，アウトプット

　アウトプットのリスク・マネジメント計画書（Risk Management Plan）は，「リスク・マネジメントの活動を構造化し，実施する方法を記述したもの。」[PMBOK]である。

　リスク・マネジメント計画書には，次の要素の一部またはすべてが含まれる。

- リスク戦略
- 方法論
- 役割と責任
- タイミング
- リスク区分（**表12-1**のようなリスク・ブレークダウン・ストラクチャー（RBS：Risk Breakdown Structure）により潜在的なリスク要因を洗い出す）
- ステークホルダーのリスク選好
- リスクの発生確率と影響度の定義（**表12-2**に時間，コスト，品質の3つのプロジェクト目標に照らした発生確率と影響度の定義の例を示す）
- 発生確率・影響度マトリックス（Probability and Impact Matrix）（**図12-2**に得点表付き発生確率・影響度マトリックスの例を示す）
- 報告書式
- 追跡調査

表12-1 RBSの例

RBSレベル0	RBSレベル1	RBSレベル2
0 プロジェクト・リスクのすべての要因	1 技術的リスク	1.1　スコープの定義
		1.2　要求事項の定義
		1.3　見積り，前提条件，制約条件
		1.4　技術プロセス
		1.5　技術
		1.6　テクニカル・インターフェイス
		その他
	2 マネジメント・リスク	2.1　標準
		2.1　標準
		2.2　プログラム／ポートフォリオ／マネジメント
		2.3　標準
		2.4　組織
		2.5　資源調達
		2.6　コミュニケーション
		その他
	3 商用リスク	3.1　契約条件
		3.1　契約条件
		3.2　調達の実行
		3.3　サプライヤーとベンダー
		3.4　外注契約
		3.5　クライアント／顧客の安定性
		3.6　パートナーシップ・ジョイントベンジャー
		その他
	4 外部リスク	4.1　法令
		4.2　為替レート
		4.3　所在地／施設
		4.4　環境／天候
		4.5　競争
		4.6　規制
		その他

出典：PMBOKガイド第6版

表12-2 リスクの発生確率と影響度の定義

スケール	発生確率	＋／－プロジェクトの目標に与える影響		
		時間	コスト	品質
極めて高い	>70%	＞6カ月	＞5百万ドル	全体的な機能に極めて著しい影響あり
高	51-70%	3～6カ月	1～5百万ドル	全体的な機能に著しい影響あり
中	31-50%	1～3カ月	501,000ドル～1百万ドル	主要機能にある程度の影響あり
低	11-30%	1～4週間	10万ドル～50万ドル	全体的な機能にささいな影響あり
極めて低い	1-10%	1週間	＜10万ドル	二次機能にささいな影響あり
ゼロ	＜1%	変更なし	変更なし	機能に変化なし

出典：PMBOKガイド第6版

162

発生確率	脅威					好機					発生確率
極めて高い 0.90	0.05	0.09	0.18	0.36	0.72	0.72	0.36	0.18	0.09	0.05	極めて高い 0.90
高 0.70	0.04	0.07	0.14	0.28	0.56	0.56	0.28	0.14	0.07	0.04	高 0.70
中 0.50	0.03	0.05	0.10	0.20	0.40	0.40	0.20	0.10	0.05	0.03	中 0.50
低 0.30	0.02	0.03	0.06	0.12	0.24	0.24	0.12	0.06	0.03	0.02	低 0.30
極めて低い 0.10	0.01	0.01	0.02	0.04	0.08	0.08	0.04	0.02	0.01	0.01	極めて低い 0.10
	極めて低い 0.05	低 0.10	中 0.20	高 0.40	極めて高い 0.80	極めて高い 0.80	高 0.40	中 0.20	低 0.10	極めて低い 0.05	
			マイナスの影響					プラスの影響			

出典：PMBOKガイド第6版

図12-2 得点表付き発生確率・影響度マトリックスの例

12.3 リスクの特定

　リスクの特定プロセスでは，**図12-3**のようなインプット，ツールと技法，アウトプットとなっている。

　リスクの特定は，「プロジェクト全体リスクの要因だけでなくプロジェクトの個別リスクの要因も特定し，それぞれの特性を文書化するプロセス」［PMBOK］と定義されている。

　インプットにある調達文書は，第13章で述べる。

　ツールと技法における前提条件と制約条件の分析，SWOT分析，プロンプト・リストについて述べる。

　前提条件と制約条件の分析は，「プロジェクトへのリスクとなるものは何かを判断するために，前提条件と制約条件の妥当性を探る手段である。」［PMBOK］

　SWOT分析は，「強み，弱み，機会，脅威（SWOT：strengths, weakness, opportunities, and threats）の各観点からプロジェクトを検討する技法である。」［PMBOK］

　プロンプト・リストは，「プロジェクトの個別リスクを引き起こす可能性が

インプット	ツールと技法	アウトプット
1．プロジェクトマネジメント 　計画書 　•要求事項マネジメント計 　　画書 　•スケジュール・マネジ 　　メント計画書 　•コスト・マネジメント計 　　画書 　•品質マネジメント計画書 　•資源マネジメント計画書 　•リスク・マネジメント計 　　画書 　•スコープ・ベースライン 　•スケジュール・ベースラ 　　イン 　•コスト・ベースライン 2．プロジェクト文書 　•前提条件ログ 　•コスト見積り 　•所要期間見積り 　•課題ログ 　•教訓登録簿 　•要求事項文書 　•資源要求事項 　•ステークホルダー登録簿 3．合意書 4．調達文書 5．組織体の環境要因 6．組織のプロセス資産	1．専門家の判断 2．データ収集 　•ブレーンストーミング 　•チェックリスト 　•インタビュー 3．データ分析 　•根本原因分析 　•前提条件と制約条件の 　　分析 　•SWOT分析 　•文書分析 4．人間関係とチームに関 　するスキル 　•ファシリテーション 5．プロンプト・リスト 6．会議	1．リスク登録簿 2．リスク報告書 3．プロジェクト文書更新版 　•前提条件ログ 　•課題ログ 　•教訓登録簿

出典：PMBOKガイド第6版

図12-3　リスクの特定：インプット，ツールと技法，アウトプット

あると共にプロジェクトの全体リスク要因ともなり得る，リスク区分のあらか
じめ決められたリストである。」[PMBOK]

　RBSの最下位レベルにあるリスク区分は，プロジェクトの個別リスクのプロ
ンプト・リストとして使用することができる。

　全体リスク要因の特定には，

　PESTLE（政治（Political），経済（Economics），社会（Social），技術（Techno-
logical），法律（Legal），環境（Environmental）），TECOP（技術（Technical），環
境，商業（Commercial），運営（Operational），政治），VUCA（不安定さ（Vola-
tility），不確実性（Uncertainty），複雑さ（Complexity），曖昧性（Ambiguity）)

が適している。

　アウトプットのリスク登録簿（Risk Register）は，「リスク・マネジメント・プロセスのアウトプットが記録されたリポジトリ。」[PMBOK]のことである。次のような内容が含まれる。

- 特定したリスクのリスト
- リスク・オーナー候補
- リスク対応策案のリスト

　また，「リスク・マネジメント計画書に指定されているリスク登録簿書式に応じて，特定されたリスクそれぞれに対して，追加のデータが記録される。」[PMBOK]

　リスク報告書（Risk Report）は，「プロジェクト・リスク・マネジメント・プロセスを通して順次に作成されていくプロジェクト文書。」[PMBOK]である。リスク報告書には，次のような内容が含まれる。

- プロジェクトの全体リスク要因
- 特定されたプロジェクトの個別リスクに関する要約情報

　以上のようにリスク特定の最大の役割は，プロジェクトを成功に導くために，その達成を阻害する可能性のあるリスクを全て洗い出し，文書としてまとめておくことと言える。

12.4 リスクの定性的分析

　リスクの定性的分析のプロセスでは，図12-4のようなインプット，ツールと技法，アウトプットとなっている。

　リスクの定性的分析は，「発生の可能性や影響のみならず他の特性を評価することによって，さらなる分析や行動のためにプロジェクトの個別リスクに優先順位を付けるプロセス。」[PMBOK]と定義されている。

　ツールと技法のリスク・データ品質査定（Risk Data Quality Assessment）は，「リスク・データがリスク・マネジメントに役立つ度合いを評価する技法。」

インプット	ツールと技法	アウトプット
1．プロジェクトマネジメント計画書 　•リスク・マネジメント計画書 2．プロジェクト文書 　•前提条件ログ 　•リスク登録簿 　•ステークホルダー登録簿 3．組織体の環境要因 4．組織のプロセス資産	1．専門家の判断 2．データ収集 　•インタビュー 3．データ分析 　•リスク・データ品質査定 　•リスク発生確率・影響度査定 　•他のリスク・パラメーターの査定 4．人間関係とチームに関するスキル 　•ファシリテーション 5．リスク区分化 6．データ表現 　•発生確率・影響度マトリックス 　•階層構造図 7．会議	1．プロジェクト文書更新版 　•前提条件ログ 　•課題ログ 　•リスク登録簿 　•リスク報告書

出典：PMBOKガイド第6版

図12-4　リスクの定性的分析：インプット，ツールと技法，アウトプット

[PMBOK]のことである。プロジェクトの個別リスクに関するデータが，どの程度信頼できるかを評価する。低品質のリスク・データを使用すると，リスク定性分析が，プロジェクトにおいてほとんど役立たなくなる。

　リスク発生確率の査定では，「具体的なリスクが発生する可能性を考慮する。」[PMBOK]

　リスク影響度査定は，「スケジュール，コスト，品質，またはパフォーマンスなど，1つ以上のプロジェクト目標への潜在的な影響を考慮する。」[PMBOK]

　リスクの発生確率と影響度は，リスク・マネジメント計画書における，前節で示した**表12-2**のような定義に従って査定される。

　他のリスク・パラメーターの査定としては，発生確率や影響度に加えて，次のような特性に考慮して査定することである。

　•緊急度
　•近接度

166

- 休眠度
- マネジメントの可能度
- 制御度
- 検出可能度
- 接続度
- 戦略的影響
- 共感度

以上のような特性のいくつかを考慮することで，より堅牢なリスクの優先順位をつけることができる。

次に，リスク区分化（Risk Categorization）であるが，これは，RBSなどを用いるリスク要因，WBSなどを用いるプロジェクトに影響を与える領域，プロジェクト・フェーズやプロジェクト予算，役割と責任などによる区分に基づいて，情報を整理し，プロジェクトに対するリスクを区分することである。

発生確率・影響度マトリックスは，「各リスクの発生確率とリスクが発生した場合のプロジェクト目標に及ぼす影響度を格子状に位置づけたものである。」

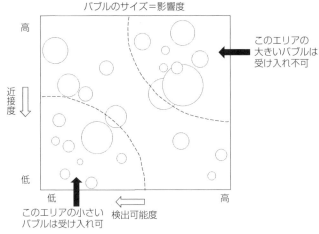

出典：PMBOKガイド第6版

図12-5 検出可能度，近接度，影響度を示すバブル・チャートの例

［PMBOK］

　前節で提示した**図12-2**のように，影響度は脅威に対してはマイナス，好機に対してはプラスとなり，発生確率と影響度の組み合わせに基づいて優先順位が決まる。

　次に階層構造図であるが，3つ以上のパラメーターを用いてリスクが分類される場合，発生確率・影響度マトリックスは使用できないため，**図12-5**のようなバブル・チャート（Bubble Chart）が使用される。

12.5　リスクの定量的分析

　リスクの定量的分析のプロセスでは，**図12-6**のようなインプット，ツールと技法，アウトプットとなっている。

　リスクの定量的分析は，「プロジェクトの個別の特定した個別リスクと，プ

インプット	ツールと技法	アウトプット
1．プロジェクトマネジメント計画書 ・リスク・マネジメント計画書 ・スコープ・ベースライン ・スケジュール・ベースライン ・コスト・ベースライン 2．プロジェクト文書 ・前提条件ログ ・見積りの根拠 ・コスト見積り ・コスト予測 ・所要期間見積り ・マイルストーン・リスト ・資源要求事項 ・リスク登録簿 ・リスク報告書 ・スケジュール予測 3．組織体の環境要因 4．組織のプロセス資産	1．専門家の判断 2．データ収集 ・インタビュー 3．人間関係とチームに関するスキル ・ファシリテーション 4．不確実性の表現 5．データ分析 ・シミュレーション ・感度分析 ・デシジョン・ツリー分析 ・インフルエンス・ダイアグラム	1．プロジェクト文書更新版 ・リスク報告書

出典：PMBOKガイド第6版

図12-6 リスクの定量的分析：インプット，ツールと技法，アウトプット

ロジェクト目標全体における他の不確実性要因が複合した影響を数量的に分析するプロセス」[PMBOK]と定義されている。

ツールと技法における不確実性の表現，シミュレーション（Simulation），感度分析（Sensitivity Analysis），デシジョン・ツリー（Decision Tree）分析，インフルエンス・ダイアグラム（Influence Diagram）について述べる。

不確実性の表現とは，所要期間，コスト，資源要求事項，個別リスクなどが不確実な場合の表現方法について検討することである。これには，一般的に確率分布（Probability Distribution）が使用される。たとえば，三角分布，ベータ分布，正規分布，一様分布などの分布である。また，分岐を用いて表現することもある。

リスク定量分析では，プロジェクトの個別リスクとその他不確実性の要因などを，シミュレーション・モデルを用いて，プロジェクトの目標達成への影響の可能性を評価する。シミュレーション・モデルの中でも，確率を中心に行うシミュレーションをモンテカルロ（Monte Carlo）法と呼ぶ。**図12-7**にプロジェクトの予算総コストに対するモンテカルロ・シミュレーション結果例を示す。

感度分析は，「プロジェクトのどの個別リスクまたは不確実性の要因がプロ

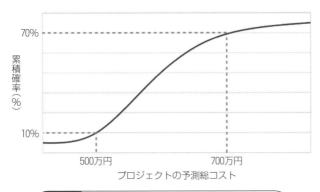

図12-7 プロジェクトの予算総コストに対する
モンテカルロ・シミュレーション結果例

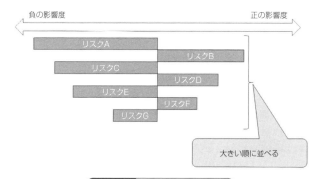

図12-8　トルネード図の例

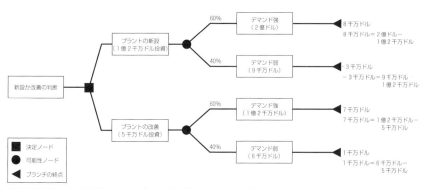

EMV（新設）＝8千万ドル×0.6＋（－3千万ドル）×0.4＝3千6百万ドル
EMV（改善）＝7千万ドル×0.6＋1千万ドル×0.4＝4千6百万ドル（決定）
出典：PMBOKガイド第6版

図12-9　デシジョン・ツリー分析の例

ジェクトの結果に最も潜在的影響を及ぼすのかを判定する分析技法。」[PMB
OK]のことである。感度分析の典型的な表示方法として，**図12-8**に示すよう
なトルネード図（Tornado Diagram）がある。トルネードの幅が大きなリスク
は，影響度が大きいため，重要視したり，必要に応じて対処したりすることに
なる。
　デシジョン・ツリーは，「いくつかの行動の代替案の中から最良の選択肢を
選択するために使用される」[PMBOK]

図12-10 インフルエンス・ダイアグラムの例

図12-9に，脅威と好機の両方を含む場合のデシジョン・ツリー分析の例を示す。図12-9のEMV（Expected Monetary Value）は，期待金額価値のことである。

インフルエンス・ダイアグラムは，「因果関係，事象の時系列，その他の変数と結果の関係などの状況を図示したもの。」[PMBOK]である。

インフルエンス・ダイアグラムでは，円形，四角形，六角形の3つの記号を使用し，各要素間の関係を矢印で示す。図12-10に，インフルエンス・ダイアグラムの例を示す。

なお，図の記号の意味は次のとおりである。

- 円形：不確定要素（意思決定者がコントロールできない項目）
- 四角形：意思決定要素（意思決定者が意思を選択できる項目）
- 六角形：評価指標（意思決定の判断基準）
- 矢印：各要素間の関係（影響を与える要素から，影響を受ける要素へ矢印をつける）

演習　プロジェクトにおいて，ツールAとツールBのどちらを導入すれば良いか検討することになった。ツールAを導入するには120万円の費用が必要で，60％の確率で240万円の効果が得られるが，40％の確率で90万円の効果しか得られない。ツールBを導入する

には60万円の費用が必要で, 80％の確率で120万円の効果が得られ
るが, 20％の確率で60万円の効果しか得られない。

　デシジョン・ツリー分析を用いて, EMVを計算することで,
ツールＡとツールＢのどちらを導入すれば良いか答えよ。

12.6　リスク対応の計画

　リスク対応の計画のプロセスでは, 図12-11のようなインプット, ツールと
技法, アウトプットとなっている。
　リスク対応の計画は,「プロジェクト全体リスクとプロジェクトの個別リス

インプット	ツールと技法	アウトプット
1．プロジェクトマネジメント計画書 ・資源マネジメント計画書 ・リスク・マネジメント計画書 ・コスト・ベースライン 2．プロジェクト文書 ・教訓登録簿 ・プロジェクト・スケジュール ・プロジェクト・チームの任命 ・資源カレンダー ・リスク登録簿 ・リスク報告書 ・ステークホルダー登録簿 3．組織体の環境要因 4．組織のプロセス資産	1．専門家の判断 2．データ収集 ・インタビュー 3．人間関係とチームに関するスキル ・ファシリテーション 4．脅威への戦略 5．好機への戦略 6．コンティンジェンシー対応戦略 7．プロジェクトの全体リスクのための戦略ための戦略 8．データ分析 ・代替案分析 ・費用便益分析 9．意思決定 ・多基準意思決定分析	1．変更要求 2．プロジェクトマネジメント計画書更新版 ・スケジュール・マネジメント計画書 ・コスト・マネジメント計画書 ・品質マネジメント計画書 ・資源マネジメント計画書 ・調達・マネジメント計画書 ・スコープ・ベースライン ・スケジュール・ベースライン ・コスト・ベースライン 3．プロジェクト文書更新版 ・前提条件ログ ・コスト予測 ・教訓登録簿 ・プロジェクト・スケジュール ・プロジェクト・チームの任命 ・リスク登録簿 ・リスク報告書

出典：PMBOKガイド第6版

図12-11　リスク対応の計画：インプット, ツールと技法, アウトプット

クに対処するために，選択肢の策定，戦略の選択，および対応処置へ合意するプロセス」[PMBOK]と定義されている。

ツールと技法の脅威への戦略，好機への戦略，コンティンジェンシー対応戦略，プロジェクトの全体リスクのための戦略について述べる。

脅威への戦略は，次の5つがある。

エスカレーション（Escalation）：業務上の下位者が対応しきれない事態が発生したとき，上位者に報告し，事態の対応を引き継ぐことである。脅威が，プロジェクト・スコープ外であるとか，提案された対応策がプロジェクト・マネジャーの権限を超えている場合に採用される。エスカレーションされた脅威は，情報としてリスク登録簿に記録されることはあっても，プロジェクト・チームに監視されることはない。

回避：脅威が発生する可能性を完全に取り去ることである。プロジェクトマネジメント計画書の一部を変更したり，リスクにさらされている目標を変更したりすることも考えられる。

転嫁：脅威による影響を脅威への対応責任も含めて，第三者に移転することである。リスク転嫁では，ほとんどの場合において，リスクを引き受ける側へのリスクに対する対価の支払いが伴う。リスク転嫁の手段は多様であるが，保険や担保，保証などある。

軽減：リスク発生の確率や脅威による影響度を軽減するための処置を講じることである。リスク軽減の方法としては，より簡潔なプロセスの採用，より多くのテストの実施，より安定した納入者の選択などがある。

受容：脅威の存在は認めるが，積極的な対応策をとらずに，リスクを受け入れることである。優先度が低い脅威や，他の方法では脅威への対処が不可能なとき，コスト効率が妥当でないなどの場合に採用される。

好機への戦略は，次の5つがある。

エスカレーション：好機が，プロジェクト・スコープ外であるとか，提案された対応策がプロジェクト・マネジャーの権限を超えている場合に採用される。エスカレーションされた好機は，プロジェクト・レベルではなく，プログラ

ム・レベルやポートフォリオ・レベル，または組織の他の関連部門でマネジメントされる。

　活用：好機を確実に実現させたい場合に，優先度の高い好機に対して採用される。組織内のより有用な要員をプロジェクトに割り当てたり，新技術や技術の向上を利用したりして，コスト削減や所要期間の短縮を図ることなどの方法がある。

　共有：好機をとらえる能力の最も高い第三者に，好機を実行する権限の一部，または全部を割り当てることである。リスクを共有する側へのリスクに対する対価の支払いが伴う。リスク共有活動として，リスク共有パートナーシップ，特別目的会社，ジョイント・ベンチャーなどの形成がある。

　強化：好機の発生確率や影響度，又はその両方を増大させるために採用される。リスクに関する主要な要因を特定し，それを最大化することで，発生確率を増加させたり，潜在ベネフィットを大きくする要因に焦点を当てたりすることで，影響度を高める可能性がある。好機を強化する方法としては，アクティビティを早く終了させるために，より多くの資源を注ぎ込むことなどがある。

　受容：好機の存在は認めるが，積極的な対応策をとらないことである。優先度の低い好機や，他の方法で好機への対処が不可能なとき，コスト効率が妥当でないなどの場合に採用される。

　コンティンジェンシー対応戦略（Contingent Response Strategies）は，「特定のトリガーによって発生するイベントに対応する処置。」[PMBOK]のことである。脅威に対する対応策の中には，ある事象が起きた場合に限り使用されるものがある。つまり，特定の脅威が発生したことで，トリガー（Trigger（引き金））が引かれ，その緊急事態を克服するための対応策を講じるのである。プロジェクト・チームは，コンティンジェンシーによる対応策をとるトリガーとなる事象を定義し，対応策となるコンティンジェンシー計画，代替計画を作成しておく必要がある。

　プロジェクトの全体リスクのための戦略には，次のような対応がある。

　回避：「プロジェクトの全体リスクのレベルが著しくマイナスで，プロジェ

174

クトに合意済みのリスクしきい値を超える場合，回避戦略を採用できる。」
［PMBOK］

活用：「プロジェクトの全体リスクのレベルが著しくプラスで，プロジェク
トに合意済みのリスクしきい値を超える場合，活用戦略を採用できる。」［PM
BOK］

転嫁と共有：「プロジェクトの全体リスクのレベルは高いが，それに対して
組織が効果的に対処できない場合は，第三者が組織に代わってリスクのマネジ
メントに関与することができる。」［PMBOK］

軽減と強化：プロジェクト目標を達成するために，プロジェクトの全体リス
クを，脅威であれば軽減し，好機であれば強化するためのリスク・レベルを変
更するための対応策を講ずることである。

受容：プロジェクトの全体リスクに対処するために，積極的な対応策をとら
ない戦略である。

12.7 リスク対応策の実行

リスク対応策の実行のプロセスでは，図12-12のようなインプット，ツール
と技法，アウトプットとなっている。

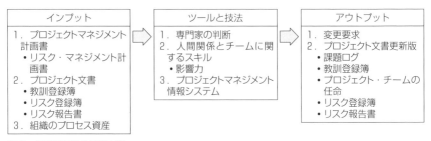

出典：PMBOKガイド第6版

図12-12 リスク対応策の実行：
インプット，ツールと技法，アウトプット

　リスク対応策の実行は，「合意済みリスク対応計画を実行するプロセス」
[PMBOK]と定義されている。

12.8 リスクの監視

　リスクの監視のプロセスでは，**図12-13**のようなインプット，ツールと技法，
アウトプットとなっている。

　リスクの監視は，「プロジェクトを通して，合意済みリスク対応計画の実行
を監視し，特定したリスクを追跡し，新しいリスクを特定し分析し，そしてリ
スク・プロセスの有効性を評価するプロセス」[PMBOK]と定義されている。

　ツールと技法の技術的パフォーマンスの分析では，「プロジェクト実行中の
技術的成果と技術的達成のスケジュールとを比較する」[PMBOK]

　目標に対する実際の結果の比較に使用することができる技術的パフォーマン
ス指標として，重量，取引時間，納品された成果物の欠陥数，貯蔵容量などが
ある。

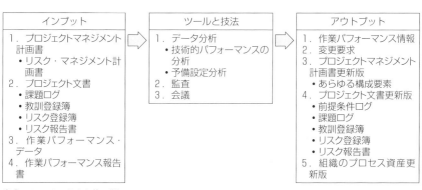

出典：PMBOKガイド第6版

図12-13　リスクの監視：
　　　　インプット，ツールと技法，アウトプット

第 13 章

プロジェクト調達マネジメント

13.1 プロジェクト調達マネジメント

プロジェクト調達マネジメント（Project Procurement Management）は，「プロダクト，サービス，所産をプロジェクト・チームの外部から購入または取得するプロセスからなる。」[PMBOK]と定義されている。

プロジェクト調達マネジメントは，

- 調達マネジメントの計画（Plan Procurement Management）
- 調達の実行（Conduct Procurement）
- 調達のコントロール（Control Procurement）

の3つのプロセスとなる。

13.2 調達マネジメントの計画

調達マネジメントの計画のプロセスでは，**図13-1**のようなインプット，ツールと技法，アウトプットとなっている。

調達マネジメントの計画は，「プロジェクトの調達に関する意思決定を文書化し，取組み方を明確にし，納入候補を特定するプロセス」[PMBOK]と定義されている。

インプットのベネフィット・マネジメント計画書（Benefit Management Plan）は，「プロジェクトの特定ベネフィットがいつ利用可能になるか記述」[PMBOK]しており，調達日や契約表現についても記載されている。

ツールと技法として，内外製分析と発注先選定分析について述べる。

178

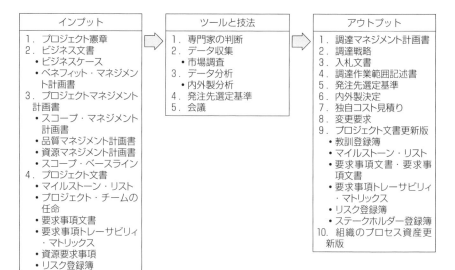

出典：PMBOKガイド第6版

図13-1 調達マネジメントの計画：
インプット，ツールと技法，アウトプット

　内外製分析（Make-or-Buy Analysis）は，「プロダクトの要求事項に関する
データを収集し，体系化するプロセス。そのデータを，プロダクトを購入する
か内部で製造するか，という可能性のある選択肢に対し分析を行う。」[PMB
OK]技法のことである。

　発注先選定分析（Source Selection Criteria）は，「納入者が契約獲得に向けて
満たすか超えなければならない属性。これは購入者が納入者に求める属性であ
る。」[PMBOK]とされている。選定方法としては，

- 最小コスト
- 資格のみ
- 品質ベースあるいは最高技術プロポーザル・スコア
- 品質およびコスト・ベース

- 単一候補
- 固定予算（予算内で最も高い技術プロポーザルを選定）

などがある。

　アウトプットの調達マネジメント計画書（Procurement Management Plan）は，「プロジェクト・チームが母体組織以外から物品やサービスを獲得する方法を記述」[PMBOK]した計画書である。次のような点についてのガイダンスを記載する。

- 調達は，プロジェクト・スケジュールの策定やコントロール・プロセスなどの他のプロジェクトの側面とどう調整されるか
- 主要な調達活動のタイムテーブル
- 契約のマネジメントに使用する調達評価メトリックス
- 調達に関連するステークホルダーの役割と責任。母体組織に調達部門がある場合のプロジェクト・チームの権限と制約条件を含む
- 計画した調達に影響を及ぼす制約条件と前提条件
- 支払が行われる法的管轄と通貨
- 独自見積りを使用するかどうか，また独自見積りが評価基準として必要かどうかの決定
- ある種のプロジェクト・リスクを軽減するための，契約履行保証や保険契約に対する要求事項の特定を含むリスク・マネジメントの課題
- 該当する場合，事前の資格審査基準を満たしている納入者

　調達戦略（Procurement Strategy）は，「求める結果を達成するために用いられるべきである，プロジェクト達成方法および法的拘束力のある契約のタイプを決めるために購入者が用いるアプローチ。」[PMBOK]のことである。内外製分析によって，外部から獲得すると決定された後に，特定する。

　契約のタイプは，①定額契約（Fixed-Price Contract），②実費償還契約（Cost-Reimbursable Contract），③複合契約がある。

　①定額契約：完了に伴うコストや作業工数に関わらず，契約で取り決めた範囲の作業に対してフィーが支払われる。

完全定額契約（FFP：Firm Fixed Price Contact）：納入者側のコストにかかわらず，購入者が納入者に契約で取り決めた額を支払う。

定額インセンティブ・フィー（FPIF：Fixed Price Incentive Fee）：あらかじめ定められた評価指標に基づきインセンティブが決められ，固定された契約金額にインセンティブがつくことがある。例，納期が1週間早まったら，追加でx円（インセンティブ）を支払う。

経済価格調整付き定額（FPEPA：Fixed Price with Economic Price Adjustment）：固定された金額での契約となるが，その金額は，インフレ率，原材料の相場，為替レートによって調整を受ける。

②実費償還契約（実コスト＋納入者の利益）：購入者が納入者の実コストに加えて納入者の利益となるフィーが支払われる。

コスト・プラス定額フィー（CPFF：Cost Plus Fixed Fee）：購入者が納入者に実際にかかったコストと固定額の利益となるフィーが支払われる。

コスト・プラス・インセンティブ・フィー（CPIF：Cost Plus Incentive Fee）：購入者が納入者に実際にかかったコストと契約時に合意したパフォーマンス基準に達した場合のインセンティブ・フィーが支払われる。

コスト・プラス・アワード・フィー（CPAF：Cost Plus Award Fee）：購入者が納入者に実際にかかったコストとアワード・フィーを支払う。アワード・フィーの支払基準に達したかどうかは，購入者が判断する。

③タイム・アンド・マテリアル契約（T&M：Time and Material Contract）：実費償還と定額契約の両方の面を複合させた契約である。単価だけが明確になっている。

入札文書（Bid Documents）は，「納入候補者からの情報，見積り，提案を求めるために使用するすべての文書。」[PMBOK]のことである。入札文書は，

情報提供依頼書（RFI：Request for Information）

見積依頼書（RFQ：Request for Quotation）

提案依頼書（RFP：Request for Proposal）

などの調達文書が必要になる。

調達作業範囲記述書（Procurement Statement of Work）は，「納入候補がプロダクト，サービスあるいは所産を供給する能力があるかどうかを判断できるよう適度なレベルで詳細にわたって調達品目に関わる事項を記述した文書。」[PMBOK]のことである。仕様，必要量，品質レベル，パフォーマンス・データ，実施期間，作業場所，その他の要求事項などの情報を含める。

内外製決定（Make-or-Buy Decisions）は，「プロダクトを外部から購入するか，あるいは内部で製造するかについての意思決定。」[PMBOK]のことである。

独自コスト見積り（Independent Estimates）は，「コスト，スケジュール，またはその他の項目に関する予測を裏付ける情報を取得し分析するために第三者に見積りを委託するプロセス。」[PMBOK]のことである。納入者から提示された回答のベンチマークとして使用する。

13.3 調達の実行

調達の実行のプロセスでは，**図13-2**のようなインプット，ツールと技法，アウトプットとなっている。

調達の実行は，「納入者から回答を得て，納入者を選定し，契約を締結するプロセス」[PMBOK]と定義されている。

インプットの調達文書（Procurement Documents）は，「入札とプロポーザルの活動に用いられる文書。」[PMBOK]のことである。購入者が発行する入札招請書（IFB：Invitation for Bid），交渉招請書，情報提供依頼書，見積依頼書，提案依頼書，納入者が提供する回答書，調達範囲記述書，独自コスト見積り，および発注先選定基準などが含まれる。

納入候補のプロポーザル（Seller Proposals）は，「価格，販売条件，技術仕様，または納入者が依頼組織に提供する能力を明記した提案依頼書またはその他の調達文書の依頼への正式な回答。」[PMBOK]のことである。受託された場合，納入候補は合意を履行しなければならない。

182

インプット	ツールと技法	アウトプット
1．プロジェクトマネジメント計画書 ・スコープ・マネジメント計画書 ・要求事項マネジメント計画書 ・コミュニケーション・マネジメント計画書 ・リスク・マネジメント計画書 ・調達マネジメント計画書 ・コンフィグレーション・マネジメント計画書 ・コスト・ベースライン 2．プロジェクト文書 ・教訓登録簿 ・プロジェクト・スケジュール ・要求事項文書 ・リスク登録簿 ・ステークホルダー登録簿 3．調達文書 4．納入候補のプロポーザル 5．組織体の環境要因 6．組織のプロセス資産	1．専門家の判断 2．公告 3．入札説明会 4．データ分析 ・プロポーザル評価 5．人間関係とチームに関するスキル ・交渉	1．選定済み納入者 2．合意書 3．変更要求 3．プロジェクトマネジメント計画書更新版 ・要求事項マネジメント計画書 ・品質マネジメント計画書 ・コミュニケーション・マネジメント計画書 ・リスク・マネジメント計画書 ・調達マネジメント計画書 ・スコープ・ベースライン ・スケジュール・ベースライン ・コスト・ベースライン 5．プロジェクト文書更新版 ・教訓登録簿 ・要求事項文書 ・要求事項トレーサビリティ・マトリックス ・資源カレンダー ・リスク登録簿 ・ステークホルダー登録簿 6．組織のプロセス資産更新版

出典：PMBOKガイド第6版

図13-2 調達の実行：インプット，ツールと技法，アウトプット

　ツールと技法における公告，入札説明会，プロポーザル評価について述べる。

　公告は，「プロダクト，サービス，または所産の既存ユーザーや潜在的ユーザーとのコミュニケーションを図るものである。」[PMBOK]

　入札説明会（Bidder Conference）は，「入札や提案の準備に先立って納入候補者との間で開く会議で，すべてのベンダー候補者が調達に関して明確かつ共通理解をもつことを確実にするためのもの。」[PMBOK]である。

　プロポーザル評価技法（Proposal Evaluation Techniques）は，「落札者決定を裏付けるためにサプライヤーが提供した提案書をレビューするプロセス」[PMBOK]のことである。

　アウトプットの選定済み納入者とは，「プロポーザルまたは入札評価の結果

に基づいて競争力があると判断された者である。」[PMBOK]

13.4　調達のコントロール

　調達のコントロールのプロセスでは，**図13-3**のようなインプット，ツールと技法，アウトプットとなっている。

　調達のコントロールは，「調達先との関係をマネジメントし，契約上のパフォーマンスを監視し，適切な変更と是正を行い，さらに契約を終結するプロセス。」[PMBOK]と定義されている。

インプット	ツールと技法	アウトプット
1．プロジェクトマネジメント計画書 　・要求事項マネジメント計画書 　・リスク・マネジメント計画書 　・調達マネジメント計画書 　・変更マネジメント計画書 　・スケジュール・ベースライン 2．プロジェクト文書 　・前提条件ログ 　・教訓登録簿 　・マイルストーン・リスト 　・品質報告書 　・要求事項文書・要求事項文書 　・要求事項トレーサビリィ・マトリックス 　・リスク登録簿 　・ステークホルダー登録簿 3．合意書 4．調達文書 5．承認済み変更要求 6．作業パフォーマンス・データ 7．組織体の環境要因 8．組織のプロセス資産	1．専門家の判断 2．クレーム管理 3．データ分析 　・パフォーマンス・レビュー 　・アーンドバリュー分析 　・傾向分析 4．検査 5．監査	1．調達終結 2．作業パフォーマンス情報 3．調達文書更新版 4．変更要求 5．プロジェクトマネジメント計画書更新版 　・リスク・マネジメント計画書 　・調達マネジメント計画書 　・スケジュール・ベースライン 　・コスト・ベースライン 6．プロジェクト文書更新版 　・教訓登録簿 　・資源要求事項 　・要求事項トレーサビリィ・マトリックス 　・リスク登録簿 　・ステークホルダー登録簿 7．組織のプロセス資産更新版

出典：PMBOKガイド第6版

図13-3　調達のコントロール：インプット，ツールと技法，アウトプット

　ツールと技法のクレーム管理（Claim Administration）のクレームは，「法的拘束力のある契約条項に基づき，対価，代償，または支払いに関して，納入者が購入者にあるいはその逆に，要請，要求，または主張する権利。」[PMBOK]のことであり，クレーム管理は，「契約上のクレームを処理，調整，または伝達するプロセス」[PMBOK]のことである。

　アウトプットの調達終結（Close Procurements）であるが，「購入者は通常，権限をもつ調達管理者を介して，契約が完了したことを正式の書面により納入者に通知する。」[PMBOK]

　一般に，すべての成果物は，期限通りに納入され，技術的要求事項や品質要求事項を満たしており，未解決のクレームや未払いの請求書もなく，最終支払が行われている必要があるため，プロジェクトマネジメント・チームは，終結プロセスの前に，すべての成果物を承認している必要がある。

第14章

プロジェクト・ステークホルダー・マネジメント

14.1 プロジェクト・ステークホルダー・マネジメント

　プロジェクト・ステークホルダー・マネジメント（Project Stakeholder Management）は，「プロジェクトを所定の時期に完了するようにマネジメントする上で，必要なプロセスからなる。」[PMBOK]と定義されている。

　プロジェクト・ステークホルダー・マネジメントのプロセスは，

- ステークホルダーの特定
- ステークホルダー・エンゲージメントの計画（Plan Stakeholder Engagement）
- ステークホルダー・エンゲージメントのマネジメント（Manage Stakeholder Engagement）
- ステークホルダー・エンゲージメントの監視（Monitor Stakeholder Engagement）

の4つのプロセスであるが，ステークホルダーの特定のプロセスについては，すでに第4章で述べているので，ここでは，残りの3つのプロセスについて述べる。

14.2 ステークホルダー・エンゲージメントの計画

　ステークホルダー・エンゲージメントの計画のプロセスでは，**図14-1**のようなインプット，ツールと技法，アウトプットとなっている。

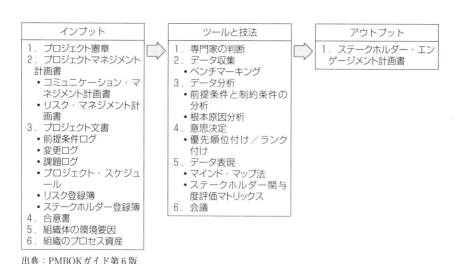

出典：PMBOKガイド第6版

図14-1 ステークホルダー・エンゲージメントの計画：
インプット，ツールと技法，アウトプット

　ステークホルダー・エンゲージメントの計画は，「プロジェクト・ステーク
ホルダーのニーズ，期待，関心事，およびプロジェクトへの潜在的影響に基づ
いて，プロジェクト・ステークホルダーの関与を促す手法を決定するプロセ
ス」[PMBOK]と定義されている。

　ツールと技法の優先順位付け／ランク付けとは，ステークホルダーやステー
クホルダー要求事項について，順位付けやランク付けを行っておくことである。
最大の利害関係と再考の影響力をもつステークホルダーは，最上位に順位付け
されることが多い。

　ステークホルダー関与度評価マトリックス（Stakeholder Engagement Assess-
ment Matrix）は，「ステークホルダーの現在の関与度と望ましい関与度を比較
したマトリックス。」[PMBOK]のことである。ステークホルダー関与度評価
マトリックスの例を表14-1に示す。

表14-1　ステークホルダー関与度評価マトリックスの例

ステークスホルダー	不認識	抵抗	中立	支援型	指導
ステークホルダー 1	C			D	
ステークホルダー 2			C	D	
ステークホルダー 3				DC	

表14-1において，C（Current）は現在の関与度であり，D（Desired）はプロジェクト・チームがプロジェクトの成功のために必要不可欠と評価した（望まれる）レベルを示す。分類項目の意味は次のとおりである。

不認識：プロジェクトも潜在的影響も認識していない。

抵抗：プロジェクトと潜在的な影響を認識しているが，作業の結果またはプロジェクトの成果として生じる可能性のある，いかなる変更にも抵抗する。

中立：プロジェクトを認識してはいるが，支持でも不支持でもない。

支援型：プロジェクトと潜在的な影響を認識しており，作業とその成果を支持する。

指導：プロジェクトと潜在的な影響を認識しており，プロジェクトの達成を確実にすることに積極的に取り組んでいる。

現状と希望とのギャップを埋めるように，ステークホルダー・エンゲージメントの監視を行わなければならない。

アウトプットのステークホルダー・エンゲージメント計画書（Stakeholder Engagement Plan）は，「プロジェクトやプログラムの意思決定と実行においてステークホルダーの生産的な関与を促すために必要となる戦略と処置を特定したもの。」［PMBOK］である。

14.3　ステークホルダー・エンゲージメントのマネジメント

ステークホルダー・エンゲージメントのマネジメントのプロセスでは，図

インプット	ツールと技法	アウトプット
1. プロジェクトマネジメント計画書 • コミュニケーション・マネジメント計画書 • リスク・マネジメント計画書 • ステークホルダー・エンゲージメント計画書 • 変更マネジメント計画書 2. プロジェクト文書 • 変更ログ • 課題ログ • 教訓登録簿 • ステークホルダー登録簿 3. 組織体の環境要因 4. 組織のプロセス資産	1. 専門家の判断 2. コミュニケーション・スキル • フィードバック 3. 人間関係とチームに関するスキル • コンフリクト・マネジメント • 文化的な認識 • 交渉 • 観察と対話 • 政治的な気づき 4. 行動規範 5. 会議	1. 変更要求 2. プロジェクトマネジメント計画書更新版 • コミュニケーション・マネジメント計画書 • ステークホルダー・エンゲージメント計画書 3. プロジェクト文書更新版 • 変更ログ • 課題ログ • 教訓登録簿 • ステークホルダー登録簿

出典：PMBOKガイド第6版

図14-2 ステークホルダー・エンゲージメントのマネジメント：インプット，ツールと技法，アウトプット

14-2のようなインプット，ツールと技法，アウトプットとなっている。

　ステークホルダー・エンゲージメントのマネジメントは，「ステークホルダーのニーズや期待に応え，課題に対処し，ステークホルダーの適切な関与を促すためにステークホルダーとコミュニケーションをとり，協働するプロセス」[PMBOK]と定義されている。

　ツールと技法の行動規範（Ground Rules）は，「プロジェクト・チーム・メンバーに求められる振る舞いに関する期待。」[PMBOK]のことであるが，ステークホルダーの関与に関しては，ステークホルダーにも期待される振る舞いを設定する。

14.4 ステークホルダー・エンゲージメントの監視

　ステークホルダー・エンゲージメントの監視のプロセスでは，**図14-3**のようなインプット，ツールと技法，アウトプットとなっている。

インプット	ツールと技法	アウトプット
1．プロジェクトマネジメント計画書 •資源マネジメント計画書 •コミュニケーション・マネジメント計画書 •ステークホルダー・エンゲージメント計画書 2．プロジェクト文書 •課題ログ •教訓登録簿 •ステークホルダー登録簿 3．作業パフォーマンス・データ 4．組織体の環境要因 5．組織のプロセス資産	1．データ分析 •代替案分析 •根本原因分析 •ステークホルダー分析 2．意思決定 •多基準意思決定分析 •投票 3．データ表現 •ステークホルダー関与度評価マトリックス 4．コミュニケーション・スキル •フィードバック •プレゼンテーション 5．人間関係とチームに関するスキル •積極的傾聴 •文化的な認識 •リーダーシップ •ネットワーキング •政治的な気づき 6．会議	1．作業パフォーマンス情報 2．変更要求 3．プロジェクトマネジメント計画書更新版 •資源マネジメント計画書 •コミュニケーション・マネジメント計画書 •ステークホルダー・エンゲージメント計画書 4．プロジェクト文書更新版 •課題ログ •教訓登録簿 •リスク登録簿 •ステークホルダー登録簿

出典：PMBOKガイド第6版

図14-3 ステークホルダー・エンゲージメントの監視：インプット，ツールと技法，アウトプット

　ステークホルダー・エンゲージメントの監視は，「エンゲージメント戦略と計画の改訂を通して，プロジェクトのステークホルダーとの関係を監視し，ステークホルダーの関与のための戦略をテーラリングするプロセス」［PMBOK］と定義されている。

第 15 章

プロジェクトの終結

　プロジェクトやフェーズの終結のプロセスでは，**図15-1**のようなインプット，ツールと技法，アウトプットとなっている。

　プロジェクトやフェーズの終結（Close Project or Phase）は，「プロジェクト，フェーズ，または契約上のすべてのアクティビティを完結するプロセス。」[PMBOK]と定義されている。

インプット	ツールと技法	アウトプット
1．プロジェクト憲章 2．プロジェクトマネジメント計画書 ・すべての構成要素 3．プロジェクト文書 ・前提条件ログ ・見積りの根拠 ・変更ログ ・課題ログ ・教訓登録簿 ・マイルストーン・リスト ・プロジェクト伝達事項 ・品質コントロール測定結果 ・品質報告書 ・要求事項文書 ・リスク登録簿 ・リスク報告書 4．受入れ済み成果物 5．ビジネス文書 ・ビジネスケース ・ベネフィット・マネジメント計画書 6．合意書 7．調達文書 8．組織のプロセス資産	1．専門家の判断 2．データ分析 ・文書分析 ・回帰分析 ・傾向分析 ・差異分析 3．会議	1．プロジェクト文書更新版・教訓登録簿 2．最終プロダクト，サービス，所産の移管 3．最終報告書 4．組織のプロセス資産更新版

出典：PMBOKガイド第6版

図15-1 プロジェクトやフェーズの終結：
インプット，ツールと技法，アウトプット

ツールと技法の回帰分析（Regression Analysis）は，「アウトプットに対応する一連のインプット変数との関係を調査して，数学的関係または統計学的関係を明らかにする分析技法。」[PMBOK]のことである。将来のプロジェクトのパフォーマンスを向上させるために，プロジェクトの成果に貢献したプロジェクト変数間の相互関係を分析しておく。

アウトプットの最終プロダクト，サービス，所産の移管とは，プロジェクトによって創出された最終のプロダクト，サービス，所産は，それを運用，維持，サポートする異なるグループや組織に引き渡される（移管される）ことである。

最終報告書は，次のような情報を含めることができる。

- プロジェクトまたはフェーズの概要レベルの説明
- スコープ目標，スコープの評価に使用される基準，完了基準が満たされていることの証拠
- 品質目標，プロジェクトやプロダクトの品質評価に使用される基準，プロダクトの品質，検証と実際のマイルストーンの創出日，差異の理由
- 受入れ可能なコスト範囲，実コスト，差異の理由などを含むコスト目標
- 最終のプロダクト，サービス，所産の検証概要
- 結果がプロジェクトで意図したベネフィットをもたらしたかなどを含む予定目標。プロジェクトの終結時にベネフィットが満たされなかった場合は，どの程度達成されたかと今後のベネフィット実現の見積りを示す。
- 最終的なプロダクト，サービスまたは所産が，ビジネス計画書で特定されたビジネス・ニーズをどう達成したかの概要。プロジェクトの終結時にビジネス・ニーズが満たされなかった場合は，どの程度達成されたかと，将来ビジネス・ニーズがいつ満たされるかの見積りを示す。
- プロジェクトで遭遇したリスクまたは課題とその対処法の概要

プロジェクトが終結すれば，プロジェクトチームは解散となるが，次のプロジェクトや将来のプロジェクトのために，最終報告書はプロジェクトチームメンバー一人ひとりが最後まで協力して作成しなければならない。

《引用・参考文献》

［1］　http://www.nytimes.com/2008/11/17/world/middleeast/17cairo.html

［2］　復元：大林組ピラミッド建設プロジェクトチーム：「クフ王型大ピラミッド建
設計画の試み」『季刊大林』，No.1「ピラミッド」1978年

［3］　http://www.nikkei.com/article/DGXNASFK0601I_W2A600C1000000/（「万里
の長城」もっと長かった　全長２万1196キロ」日本経済新聞, 2012年６月６日)

［4］　http://www.gsi.go.jp/sokuchikijun/datum-main.html（国土地理院，日本の測
地系）

［5］　http://www.hyogo-c.ed.jp/~shabun-bo/gyouseisituhp/top/kihonkousou/6(4).pdf

［6］　復元：大林組プロジェクトチーム：「現代技術と古代技術の比較による「仁徳
天皇陵の建設」」『季刊大林』，No.20「王陵」1985年

［7］　http://www.rist.or.jp/atomica/list.html

［8］　https://www.brookings.edu/the-costs-of-the-manhattan-project/

［9］　http://www.mof.go.jp/budget/reference/statistics/data.htm

［10］　作詞：ハルイチ，作曲：ak.homma，1999年９月８日リリース

［11］　https://www.nasa.gov/vision/space/features/jfk_speech_text.html

［12］　https://www.jitec.ipa.go.jp/1_11seido/seido_gaiyo.html

［13］　https://www.pmi-japan.org/pmp_license/pmp/entrance_exams.php

［14］　AXELOS：Managing Successful Projects with PRINCE2 2017 Edition, 2017

［15］　Association for Project Management：APM Body of Knowledge, 7th edition,
2018

［16］　IPMA：Individual Competence Baseline, 4th Version, 2015

［17］　IPMA：Organisational Competence Baseline, Version 1.1, 2015

［18］　IPMA：Project Excellence Baseline, Version 1.0, 2015

［19］　PMI：A Guide to the Project Management Body of Knowledge, 6th, 2017

［20］　E.M.ゴールドラット（三本木亮訳）『ザ・ゴール』ダイヤモンド社，2001

［21］　E.M.ゴールドラット（三本木亮訳）『クリティカルチェーン―なぜ，プロジェ
クトは予定通りに進まないのか？―』ダイヤモンド社，2003

［22］　Project Management Institute.2014. Project Management Institute Excellence
in Practice-Research Collaboration, PMI-RI Standards Program：Making

Sense of PPP Governance, December 19, 2014. Newton Square, PA：Author

[23] L. Featherstone：Divining Desire：Focus Groups and the Culture of Consultation, OR Books, New York and London, 2017

[24] A.L Delbecq and A.H. Van De Ven：A Group Process Model for Problem Identification and Program Planning, The Journal of Applied Behavioral Science 7(4)pp.466-492, 1971

[25] Q.W.Fleming and J.M.Koppelman：Earned Value Project Management, Second Edition, Project Management Institute, 2000

[26] Control Account Plan（日本プロジェクトマネジメント協会：ＰＭ資料ガイド）（https://www.pmaj.or.jp/archives/JPMF/library/open/education/pmguide_top.html）

[27] B.W.Tuckman：Developmental Sequence in Small Groups, Psychologcal Bulletin. Vol63, No.6, pp.384-399, 1965.

[28] PMI's Pulse of the Profession In-depth Report：The High Cost of Low Performance：The Essential Role of Communications, May 2013.

索　引

■著者紹介■

古 殿 幸 雄 (こどの　ゆきお)

1963 年 7 月生まれ。
1992 年　大阪工業大学大学院工学研究科博士後期課程修了。博士（工学）。
1993 年　福山大学経済学部経営情報学科講師。
1998 年　福山平成大学経営学部経営情報学科助教授。
2001 年　大阪国際大学経営情報学部助教授。
2005 年　大阪国際大学経営情報学部教授。
2007 年　大阪国際大学経営情報学部長（2014 年まで）。
2008 年　大阪国際大学ビジネス学部教授，ビジネス学部長兼務（2014 年まで）。
2014 年　大阪国際大学グローバルビジネス学部教授。
2015 年　近畿大学経営学部経営学科教授。

●主な著書
『入門ガイダンス 情報のマネジメント』（中央経済社）
『入門ガイダンス 品質管理のマネジメント』（中央経済社）
『入門ガイダンス 経営科学・経営工学（第 2 版)』
『入門ガイダンス 経営情報システム（第 2 版)』（中央経済社）
『最新・情報処理のしくみ』（編著）（サイエンス社）
『最新・情報処理の基礎知識』（編著）（サイエンス社）

入門ガイダンス
プロジェクトマネジメント

2020年3月1日　第1版第1刷発行

著　者　古　殿　幸　雄
発行者　山　本　　　継
発行所　㈱中央経済社
発売元　㈱中央経済グループ
　　　　パブリッシング

〒101-0051　東京都千代田区神田神保町1-31-2
電　話　03(3293)3371(編集代表)
　　　　03(3293)3381(営業代表)
http://www.chuokeizai.co.jp/
印刷／文唱堂印刷㈱
製本／㈲井上製本所

© 2020
Printed in Japan